Image Branding

이미지브랜딩

이미지메이킹과 브랜딩전략

김지연 · 박진주 · 최효정 공저

(주)백산출판사

Preface

현대는 개인이 브랜드가 되는 사회이다.

개인이 가진 내·외적인 매력과 강점을 통해 자신만의 이미지 전략법을 세워나가는 이미지브랜딩이 반드시 필요하다.

긍정의 이미지를 형성한다는 것은 단순히 아름다움만을 표현하는 것만이 아니라 자신감을 심어주고 다른 사람들 사이에서 경쟁력이 되는 '나다움'을 만들어 가는 것이다. 이를 통해 호감과 신뢰의 인상을 전달할 수 있다.

본 저서는 총 12챕터로 구성되어 있다. 먼저 '나다움'을 찾아가는 과정에서 이미지메이킹 이해, 표정, 셀프코칭, 커뮤니케이션 이해, 마음을 움직이는 대화법을 통하여 현재 자신의 이미지를 객관화하여 생각해 보고 어떻게 표현할지에 대한 셀프 브랜딩 방법과 대인관계에 있어 효과적으로 대화할 수 있는 방법을 전하고 있다.

시각적 이미지 표현의 내용에서는 스킨케어, 메이크업, 향수, 헤어스타일, 골격 이미지를 통한 패션과 뷰티 분야를 전한다. 사람마다 생김새가 다르듯 그에 맞는 이미지 전략법도 달라야 한다.

외적 이미지를 관리하는 방법과 아름답고 매력적인 이미지를 표현하는 방법을 이야기한다.

퍼스널 컬러의 이해와 4계절 분석의 내용에서는 다양한 분야에서 확대되고 응용되고 있는 컬러의 전반적인 내용을 전하고 있다.

그중 퍼스널 컬러는 불과 몇 해 전까지만 해도 낯선 키워드였다. 하지만 지금의 퍼스널 컬러는 단순한 유행의 차원이 아니라 MZ 세대의 문화적인 필수 관심사가 되고 있을 만큼 대중화되었다.

이렇듯 외적 이미지와 내적 이미지가 조화롭게 이루어질 때 진정한 매력이 표현된다. 자신의 가치와 품격을 높이기 위해서는 끊임없는 자기 계발과 발전을 통해 학습하고 노력해야만 한다.

본 저서를 통하여 이미지브랜딩을 체계화하고 자신의 이미지를 제대로 표현하는 방법과 긍정적인 자기 변화를 통한 최상의 이미지 표현법을 찾아가기를 바란다. 유용하고 알찬 정보, 자기발전에 도움이 되는 저서이기를 바란다.

또한 이미지 변화를 원하는 모든 분들을 비롯하여 사회 초년생, 뷰티계열의 전공자에게도 도움이 되기를 기대해 본다.

마지막으로 출판에 도움을 주신 백산출판사 관계자 모든 분들께 깊은 감사의 인사를 드린다.

2022년 1월

저자 일동

Contents

Chapter 1
이미지메이킹 이해

Chapter 2
표정이미지 전략

Chapter 3

나를 성장시키는 셀프코칭

Chapter 4

커뮤니케이션 이미지

Chapter 5

마음을 움직이는 대화법

Chapter 6

스킨케어

Chapter 7

메이크업 & 향수 이미지

Chapter 8

헤어 & 골격 이미지 스타일링

Chapter 9

퍼스널컬러와 색의 이해

Chapter 10

12가지 Tone 분류와 Tone의 이미지

Chapter 11 색의 배색기법

Chapter 12 퍼스널컬러와 이미지

ImageBranding

Chapter 1

이미지메이킹 이해

1. 이미지 이해
2. 이미지메이킹 이해
3. 첫인상
4. 좋은 인상을 위한 5단계

1 이미지 이해

1) 이미지 정의

현대사회는 퍼스널 브랜드 사회이다. '나'라는 브랜드를 가치 있고 품격 있게 보이기 위하여 개인이 가진 매력과 강점 등을 통해 자신만의 브랜드를 만들고 이미지 전략법을 세우는 것이 중요한 시대이다.

우리는 매 순간마다 의도하든 의도하지 않든 자신의 모습을 드러내야만 한다. 자신을 표현하고 자존감을 상승시키는 중요한 부분이 바로 이미지이며 이러한 모습은 단순히 예쁘고 멋지게 멋을 부린다는 외적인 모습만이 아닌 자신을 나타내고 알리는 중요한 부분임에 틀림없다. 시각적으로 보여지는 이미지의 중요성이 부각되고 있다 해도 과언이 아니다. 자신의 브랜드 가치를 높이고 싶다면 현재의 이미지를 어떻게 표현할지에 대한 이미지브랜딩을 구상해야 한다.

이미지는 사람이나 사물의 모습을 떠올렸을 때 그 대상에게서 받은 기억, 인상, 특유한 감정, 고유한 느낌, 상대가 보는 자신의 모습을 말한다. 누군가를 생각하면 그 사람에 대해 '배려있는 사람', '잘 웃는 사람', '표현력이 좋은 사람'과 같이 떠올려지는 것이 이미지이다. 얼굴 생김새, 표정, 헤어스타일, 메이크업, 패션, 자세, 동작, 걸음걸이 등 수많은 요소들이 모여서 하나의 형태를 만들어 낸다. 이를 바탕으로 대상을 판단하고 추측하고 각인하게 된다.

이미지 정의

- 대상에 대한 고유한 느낌
- 타인에 의해 평가
- 자신의 또 다른 모습
- 쉽게 바뀌지 않는 형상

이미지는 실제의 이미지, 상황의 이미지, 이상의 이미지로 구분된다.

실제의 이미지는 현재 자신이 가지고 있는 이미지를 말한다. 상황의 이미지는 특정한 상황에 맞게 이미지를 표현하는 것이다. 예를 들어 직장에서의 모습, 일상에서의 모습, 친구들과의 모임에 따라 다르게 표현하는 것이다. 이상의 이미지는 스스로가 원하고 추구하는 방향의 이미지를 말한다. 실제의 이미지와 이상의 이미지가 가까울수록 삶의 만족과 가치를 높게 평가한다.

이미지의 영향력은 크다. 일상뿐만 아니라 사회생활에 있어 자신의 능력을 향상시킨다. 이러한 이미지의 형성요소에는 얼굴에 드러나는 표정과 행동으로 나타내는 제스처와 태도, 말씨, 용모가 있다.

2) 이미지 중요성

상대에게 보여지는 이미지는 1초에서 3초 내에 판가름이 난다. 긍정과 호감의 이미지 또는 부정의 이미지가 결정되는 중요한 순간이다.

이미지는 타인에 의해 최종 평가되고 기억 되기에 사람 뿐 아니라 기업의 광고 마케팅에서도 중요시 여기고 있다. 비슷한 제품의 광고가 쏟아져 나오지만 잘 팔리는 광고, 떠올려지는 광고 하나를 만들기 위해서는 수많은 시간과 노력에 의해서 형성된다.

개인이 가지고 있는 고유의 이미지는 남들과 차별화된 경쟁력이 되는 수단이며 부족한 부분은 채워가고 잠재능력을 최대한 끌어올리는 것이다. 독보적인 이미지브랜딩을 시작한다는 것은 가장 아름답고 매력 있는 자신만의 키워드를 찾는 것이다.

상대에게 긍정적이고 좋은 이미지를 남긴다는 것은 내적인 이미지와 외적인 이미지를 조화롭게 균형을 맞추어 친근감 있고 부드러운 인상을 보이는 것이다. 자신이 추구하는 최상의 이미지를 정해놓고 개인적 이미지와 사회적 이미지에 맞게 전하고 싶은 메시지를 전달해야만 한다. 개인의 사회적 위치와 가치를 표현하는 중요한 수단이다.

이미지는 선천적 이미지와 후천적 이미지로 구분된다. 타고난 외적인 모습은 선천적 이미지이며, 선천적 이미지에 원하는 방향의 이미지를 정하여 전략적인 구상방법을 통해 노력하는 것은 후천적 이미지이다. 변화하고자 하는 부분을 보완하고 발전함으로 자신만의 이미지브랜딩을 할 수 있다.

2 이미지메이킹 이해

1) 이미지메이킹 개념

자신이 가지고 있는 이미지의 장점을 부각시키고 단점을 수정, 보완하여 긍정적이고 차별화된 이미지를 만들어 나가는 것이 바로 이미지메이킹이다. 현대사회에서 이미지메이킹은 자신만의 전략법이자 자신의 능력을 향상시키는 중요한 요소이다.

시대가 급변하고 치열한 경쟁 속에서 자신만의 고유 이미지를 구축하는 것은 중요하다. 대상에 대해 떠오르는 생각과 감정을 이미지라 정의한다면 이미지메이킹은 이미지를 의도적으로 만들어 내는 것을 말한다. 추구하는 목표를 이루기 위해서 자신의 이미지를 통합 관리하고 최적화된 모습을 표현할 수 있는 능력을 기르는 의도적인 변화 과정이다. 외적이미지를 강화하여 내면의 자신감을 이끌어내는 상승효과의 표현이다.

이미지메이킹을 통해 자신의 장점을 부각시키고 단점을 보완하는 것이 중요하며 이를 통해 남들과는 차별화된 이미지를 추구할 수 있다.

이미지메이킹

- 내적이미지(가치관, 생각, 습관, 욕구, 심성 등)
- 외적이미지(표정, 태도, 자세, 패션, 뷰티, 걸음걸이 등)
- 최적화된 모습을 표현하는 능력(강점 부각, 단점 보완)

2) 이미지메이킹의 효과

'페르소나'는 사전적 의미로 연극배우가 쓰는 탈을 가리키는 말이지만 철학용어로는 이성적인 본성을 가진 개별 존재자를 말한다. 현대인은 '멀티 페르소나'가 필요하다.

상황에 따라 사람들에게 보이는 이미지를 다르게 해야 하며 자신의 정체성이 아닌 다양한 정체성을 보여줄 필요가 있다.

대인관계에 있어 상황과 대상에 따라 나의 모습은 다르게 표현되어야 한다. 공적인 자리에서 격식 없는 모습의 이미지로 보여주는 것이 아닌 그 상황에 맞는 이미지 표현법을 연출해야 한다. 일상생활 역시 누구를 만나고 어떤 상황이냐에 따라 또 다른 이미지로 연출하여 '나'다움을 표현한다.

이미지메이킹의 효과는 다음과 같다.

첫째, 대인관계 능력 향상

둘째, 자신의 정체성 확립

셋째, 자신감 회복

넷째, 자아 존중감 향상

다섯째, 자신의 가치 상승

상대의 밝은 표정으로 따뜻함과 친절함이 느껴지는 것은 개인의 이미지 영향력이다. 기업 이미지의 영향력은 신제품이 출시되었을 때 기업의 긍정과 신뢰의 이미지를 바탕으로 고객이 믿고 제품을 구입하는 것이다.

한번 각인된 이미지는 쉽게 바뀌지 않기에 끊임없는 자기관리와 노력이 필요하다. 정치인, 연예인, 기업인뿐만 아니라 모든 이들에게 필수적 요소이다. 대인관계의 커뮤니케이션에 있어 진실되고 신뢰감 있는 모습을 전달하기 위하여 외적 이미지를 강화하고 내적 이미지의 변화를 통해 긍정적인 시너지 효과를 일으켜 최상의 이미지를 만드는 것이 필요하다.

3) 이미지메이킹 형성요소

(1) 내적 이미지

내적 이미지는 자신의 가치관이나 신념, 생각 등 오랜 기간 동안 형성해 왔으며 눈으로 볼 수 없는 요소이다. 외적 이미지는 자신의 내적 이미지를 통해 만들어지며 한 사람의 이미지를 구축하고 형성해 내는 요소이다. 이미지가 외모로만 평가되는 것은 아니다. 기본 바탕에는 내면에 형성되어 있는 가치가 있다. 아름답고 예쁘기만을 바라는 마음만 가지고는 결코 그 모습이 표현되지 않는다. 자신이 가지고 있는 마음가짐과 생각들을 긍정화한 후에야 진정한 자신을 발견하게 된다.

대인관계 속에서 나다움을 발견하고 표현하기 위해서는 자존감을 회복하여 긍정적인 사고를 지니는 것이 우선되어야 한다. 자신감 있는 표현력과 마음을 다스리는 방법을 통해 내적인 이미지를 형성한다.

진정한 자아를 위해 내면의 이미지를 만드는 것이 필요하다. 장점은 부각하고 단점은 원인을 찾고 분석하여 보완하는 노력이 필요한 부분이다.

(2) 외적 이미지

외적 이미지는 겉으로 드러내어 표현되는 것이며 상대를 판단할 때 큰 비중을 차지하는 부분이다. 표정, 태도, 자세, 패션, 뷰티, 말투 등 외형으로 표현되는 이미지 요소를 말한다.

내면의 가치관이 형성된 후에는 자연스럽게 외적인 이미지가 형성된다. 자기경영을 할 줄 아는 능력이 필요하며 때와 장소, 상황과 역할에 따라 이미지를 표현해야 한다.

퍼스널 이미지의 외적요소 4가지를 살펴보자.

첫째, 표정 이미지

상대의 이미지를 결정지을 때 얼굴에 나타난 표정을 중요하게 여긴다. 얼굴 표정은 눈빛, 시선, 입의 모양 등으로 감정을 전달하기 때문이다. 미세한 표정으로 순간적인 감정을 파악하기에 충분하다.

둘째, 행동 이미지

행동 이미지는 인격을 드러내는 중요한 요소이다. 우리가 하는 손짓 하나가 누군가에게는 불편할 수도 있고, 예의 없다고 느낄 수도 있다. 자연스럽게 표현되었던 다양한 제스처와 행동들은 자신의 이미지를 결정짓는 중요한 요소가 된다.

상대에 대한 기본적인 예의를 갖추어 제스처를 표현하여 말을 전달하면 진정성 있고 정중한 사람으로 기억에 남는다.

셋째, 말씨 이미지

인간은 커뮤니케이션을 통하여 공동체를 만들어 간다. 인간의 모든 관계는 커뮤니케이션에서 시작된다. 말씨 이미지는 인성과 인격을 표현하는 요소이며 올바른 대화법을 통해 상호관계가 형성된다. 말투, 화법, 억양 등으로 전달력을 향상시킨다.

넷째, 용모 이미지

패션스타일, 메이크업, 헤어스타일 등으로 자신을 표현한다. 상황에 따라 표현하는 방식은 다르다. 편안함을 추구해야 하는 장소에서는 부드러운 이미지 연출을 하여 좀 더 친근감 있게 다가서는 것이 필요하다.

전문성을 강조해야 한다면 직업,상황 등에 맞게 연출해야 전문적인 모습이 보여진다.

외적 이미지는 첫인상을 결정하고 대인관계에 영향력을 미치며 상호 간의 원활한 교류를 가능하게 한다.

이미지 구축은 대인관계가 원만해지고 삶의 질이 향상된다. 또한 사람들과의 진정성 있는 커뮤니케이션이 이루어지기에 더 가치있고 인정받는 나를 발견하게 된다.

이러한 퍼스널 이미지의 성공전략 요소들은 나를 표현하는 수단이자 자신의 가치를 높이는 데에 중요한 부분임에 틀림없다. 긍정의 이미지를 보여주는 것은 대인관계에 있어 필수적이다. 자신의 기량을 발휘할 수 있으며 차별화된 이미지로 개성있는 자신을 연출할 수 있다.

퍼스널 이미지메이킹은 외모를 가꾸는 것뿐만 아니라 자신감 향상을 위한 내면의 노력과 단점을 극복하고 지속적인 관리와 끊임없는 자기계발을 통해 좋은 이미지를 형성하는 것을 포괄한다.

4) 이미지 설계단계

자신의 이미지를 구체화하는 방법을 통해 내적인 이미지와 외적인 이미지의 성향을 분석하여 최상의 이미지를 구축하는 것이 필요하다.

상황에 따라 어떤 이미지로 보여주고 싶은지, 어떤 이미지로 각인되기를 원하는지 구체화하여 자신의 이미지브랜딩을 단계별로 정리해본다.

1단계 : 현재 자신의 이미지를 객관화한다.(자신의 강점, 약점 파악)

2단계 : 추구하는 이미지를 정한다.(원하는 이미지 선정)

3단계 : '나'브랜드를 만들기 위한 이미지 플랜을 작성한다.
(추구하는 이미지를 위한 내·외적 목표설정)

이미지메이킹은 자신의 이미지를 최상의 매력으로 끌어올리고 향상시키는 것이다. 단점은 보완하고 장점을 부각함으로써 남들과 차별화된 긍정의 이미지를 만든다.

내가 생각하는 나의 모습과 다른 사람이 바라보는 나의 모습을 통해 자신을 객관적으로 바라보며 원하는 이미지를 향해 한 발 더 나아가는 노력이 필요하다.

Check

내가 보는 나의 이미지는 어떠한가? (자신에게 질문을 해보자. 현재 나의 이미지를 구체적으로 바라보는 것이 중요하다.)	
얼굴표정은?	거울을 들여다보며 현재 자신의 얼굴 표정에 대하여 작성
자세(태도)는?	평상시 습관적인 자세(태도)에 대하여 작성
패션스타일은?	즐겨 입는 패션스타일 작성
말투(화법)는?	평상시 습관적인 말투(화법)에 대하여 작성
첫인상은?	내가 생각하는 나의 첫인상에 대하여 작성

다른사람이 보는 나의 이미지는 어떠한가? (주변인들이 생각하는 평상시 나의 모습에 대하여 작성해보자.)	
얼굴표정은?	
자세(태도)는?	
패션스타일은?	
말투(화법)는?	
첫인상은?	

3 첫인상

1) 첫인상 개념

첫인상은 처음 보여지는 정보를 인식하고 느끼는 인상을 말한다. 대인관계의 시작점이자 소통의 시작이 바로 첫인상이다. 외적이미지에는 한 사람을 판단하는 많은 요소들이 담겨져 있다. 찰나의 순간이 바로 첫인상이다.

예를 들어 상대가 미간을 찌푸리며 인상을 강하게 쓰고 초면에 인사를 한다면 이미지가 어떻게 보여지는가. 긍정적 이미지가 아닌 부정의 이미지가 강해진다. 강력한 이미지가 한번 형성되면 쉽사리 바뀌지 않는다. 좋은 인상을 심어주기 위한 변화의 노력을 통해 매력적인 자신을 발견할 수 있다.

2) 첫인상 중요성

호감과 신뢰를 주는 인상은 상대의 마음을 단숨에 사로잡을 수 있고 품격 있는 이미지를 보여줄 수 있다. 첫인상은 단순히 몇 초에 결정되는지가 중요하기보다는 대상을 본 바로 그 찰나에 이미지를 결정짓는다.

첫인상은 처음 본 순간에 느껴지는 모습이다. 특징을 살펴보면 일회성, 관련성, 일방성, 신속성, 기억성이 있다.

첫째, 일회성이다.

한번 정해진 이미지는 두 번 다시 돌아오지 않는다. 이처럼 처음 각인된 순간이 중요하다.

둘째, 관련성이다.

'~이러할 것이다', '아마도…', '~그럴거야'라고 연관지어 생각한다. 매서운 눈매에

무뚝뚝한 표정까지 보인다면 '저 사람은 무섭고 불친절할거야'라고 생각하며 가까이 다가서고 싶지 않은 사람이라 느끼게 된다.

셋째, 일방성이다.

오로지 주관적인 생각과 판단으로만 결정 짓기에 일방적인 이미지를 보이게 된다. 일방적으로 인식하고 이미지를 형성한다.

넷째, 신속성이다.

첫인상이 결정되는 시간은 3초 이내이며 한 번 전달된 정보로 이미지는 굳어진다.

다섯째, 기억성이다.

첫 만남의 순간은 오래 기억에 남는다. 좋지 않은 첫인상을 바꾸는 데는 많은 시간과 노력이 투자되어야 한다.

첫인상의 특징에서 알 수 있듯 상호 간의 대화에서 중요한 것은 시각적인 요소가 크다. 시각이미지와 청각이미지가 중요시된다는 이론을 살펴보자.

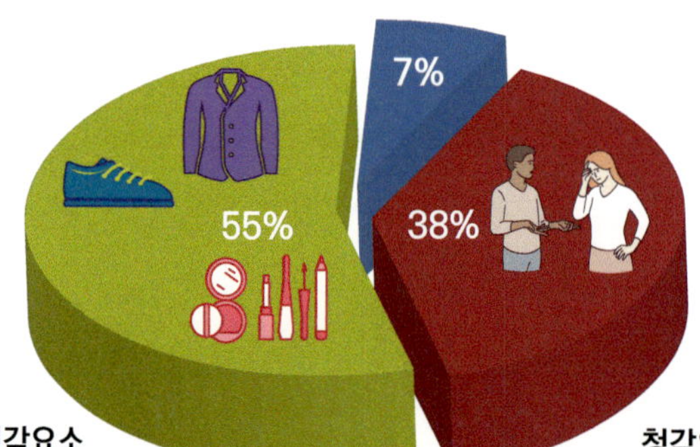

메라비언의 법칙

심리학 교수인 앨버트 메라비언은 상대방과의 대화에서 언어적 요소보다 비언어적 요소가 인상 형성에 더 큰 영향을 받는다고 하였다. 효과적인 의사소통으로 시각요소가 55%, 청각요소가 38%, 언어요소가 7%에 이른다는 '메라비언의 법칙(The Law of

Mehrabian)'을 내세웠다. 이는 전하고자 하는 말보다 눈으로 보이는 시각적인 요소가 중요하다는 것이다.

첫인상 결정요소

시각적인 요소로는 눈에 보여지는 모든 부분을 이야기한다. 감정을 전달하는 얼굴 표정, 복장, 체형, 태도, 뷰티, 제스처 등이 있다. 청각적인 요소로는 목소리 크기, 높낮이, 억양, 목소리 톤, 발음, 말의 속도 등이 있다. 말의 내용은 전하고자 하는 메시지를 말한다.

외적인 이미지는 첫인상을 결정하는 데 큰 비중을 차지한다. 짧은 순간에 판단하는 시각적인 모습뿐만 아니라 상대에게 신뢰와 호감도를 높이는 모습을 위해서는 청각요소와 언어요소까지도 조화롭게 이루어져야 한다.

3) 첫인상 심리효과

(1) 초두효과

'초두효과'는 처음 주어진 정보가 나중에 제시된 정보보다 더 큰 영향을 주는 현상을 말한다. 3초의 법칙 또는 이미지가 굳어버리는 의미로 콘크리트 법칙이라 한다. 누군가를 처음 만났을 때와 낯선 상황에서는 자신의 주관적인 기억 시스템이 가동한다. 그렇기에 처음 제시된 정보가 인상형성에 중요하게 영향을 미치는 것이다.

미국의 사회심리학자 솔로몬 애시(Solomon Asch)는 초두효과의 실험을 하였다. A집단 실험 참가자들에게는 긍정의 제시된 내용을 들려주고 B집단 실험 참가자들에게는 부정의 제시된 내용을 들려준 뒤 인물에 대해 다음과 같이 설명해 주었다.

초두효과 실험

이 실험의 결과는 그룹별 순서만 바뀌었을 뿐이고 내용은 똑같다. 하지만 '똑똑하다'는 긍정적 내용을 먼저 들었던 A집단은 '질투심이 많다'는 부정적 내용을 들은 B집단에 비해 상대방의 인상을 평가할 때 더 호의적으로 느끼고 긍정적으로 평가했다. 먼저 들어온 정보가 이후에 들어온 정보에 영향을 미치며 간접효과를 준 것이다.

예를 들어 친근하게 먼저 다가서서 밝고 환한 미소와 친절한 응대태도를 보이며 부드러운 화법을 표현한다면 호감도가 상승된다. 누군가를 상대에게 소개할 경우에도 긍정의 정보를 먼저 제공하는 것이 좋다. 이러한 언어적, 비언어적 요소를 통해 상대에 대한 긍정의 호감도를 결정 짓는다.

(2) 후광효과

'후광효과'는 상대방이 가지고 있는 한 가지의 좋은 특성이 다른 특성을 평가하는 데 영향을 미치는 현상이다.

예를 들어 상대가 밝은 음성과 미소 띤 모습으로 이야기한다면 적극적이고 호감형의 인상으로 보이게 된다. 한 가지 요소가 좋으면 다른 열 가지도 매력있게 보인다는 효과를 말한다.

미국의 심리학자 에드워드 손다이크는 지휘관들에게 병사 개인의 역량을 평가하도록 했다.

(A) 체격 좋고 외모가 준수한 병사 → 충성심, 리더십, 신뢰성이 모두 높은 점수

(B) 그렇지 않은 병사 → 모든 항목에 낮은 점수

두드러진 특성 하나가 전반적인 부분을 평가하는 데 있어 강력한 영향을 미치는 것이다. 어떤 대상에 대해 일반적으로 '좋다, 나쁘다'라고 생각한 뒤 대상의 다른 행위들에 대해서도 비슷한 평가를 내린다.

(3) 맥락효과

'맥락효과'는 처음 주어진 정보나 조건이 다음에 들어온 정보들을 받아들이고 해석하는 데 영향을 미치는 현상이다.

제시된 정보가 이미지의 판단 기준점이 되고 전반적인 해석에 영향을 미치는 효과이다. 처음에 긍정적인 정보를 가진 상태라면 이와 관련하여 이후에도 긍정적으로 판단

하려는 현상을 말한다. 같은 상황에서도 어떤 맥락으로 생각하느냐에 따라 달라진다.

(4) 부정성효과

'부정성효과'는 긍정적인 정보와 부정적인 정보가 동일한 강도를 가지더라도 부정적인 것이 인상형성에 더 강하게 작용하는 현상이다. 임상심리학자인 엘리자베스 루카스(Elisabeth Lukas) 교수가 긍정과 부정의 효과에 대한 실험을 하였다.

각 집단에 싱싱한 딸기 85%와 상한 딸기 15%가량이 섞여 있는 바구니를 주고 딸기를 고르게 한 후 집단의 딸기 양을 확인하는 실험이다.

- A집단 : 싱싱한 딸기를 고르게 한다.
- B집단 : 상한 딸기를 고르게 한다.

바구니에 담은 딸기의 개수를 맞추어 보게 하였다.

싱싱한 딸기를 고르는 A집단은 실제 딸기의 양과 추측한 양을 확인해보니 거의 정확한 답을 내놓았다. 하지만 상한 딸기를 고르는 B집단은 15%인 상한 딸기를 실제보다 훨씬 많다고 응답했다.

부정적 특성과 긍정적 특성이 동일한 강도를 지녔더라도 부정적 특성에 영향력이 크게 미친다.

대인관계에서도 마찬가지이다. 부정적인 이미지 때문에 이후에 들어오는 좋은 정보들이 받아들여지기 어렵다. 이것은 사람들과의 관계뿐만 아니라 기업의 이미지와 상품 등에서도 보이는 효과이다.

(5) 악마효과

'악마효과'는 특정부분을 가지고 모든 것을 부정적으로 평가하여 판단해 버리는 현상이다. 후광효과와는 반대의 의미로 사용된다.

예를 들어 늘 인상을 찌푸리고 부정적인 말을 늘어놓는 사람을 보면 모든 것에 불평불만이 많고 사회성도 결여되었을 것이라고 판단한다.

기업의 경우, 소비자가 제품 구입 후 문제가 발생한다면 제품에 대한 신뢰도가 떨어지고 두 번 다시 같은 기업의 제품을 구입하지 않겠다는 생각을 하게 된다.

(6) 현저성효과

'현저성효과'는 두드러진 특징이 인상 형성에 큰 영향력을 미치는 현상이다. 현저성 편향 또는 독특성효과라고 한다. 전체 모습만이 아니라 눈길 끄는 것을 먼저 본 후에 그때 받은 인상만 가지고 전체를 판단하게 되는 것이다.

예를 들어 인상이 좋은 사람은 누구에게나 친절할 것 같고 책임감도 있으며 대인관계도 좋을 것이라고 평가한다. 이러한 독특한 자극 하나가 이미지를 결정 짓게 되는 현상을 말한다.

4 좋은 인상을 위한 5단계

경쟁사회에서 살아남으려면 변화력이 빨라야 하고 개인 능력이 뛰어나야 한다. 더 중요한 것은 '나'라는 사람을 긍정의 이미지로 인식시키는 것이다. 수많은 사람과의 관계 속에서 외모, 패션, 자세, 표정, 몸짓 등의 데이터를 통해 자신을 나타낸다. 자신의 이미지를 최상으로 끌어올려 좋은 인상을 남기는 것이 필요하다.

좋은 인상을 위한 5단계를 통해 매력적이고 호감의 이미지를 만들어보자.

첫째, 긍정의 마인드

마음의 여유를 가지면 행동에도 자연스레 여유가 느껴진다.

밝고 긍정적인 마인드는 내면의 모습을 통해 외면의 아름다움도 표현된다.

둘째, 자연스러운 미소

인상은 그 사람의 삶을 반영하는 부분이다. 환하게 웃고 밝은 미소를 표현하는 것만으로도 원만한 대인관계가 유지된다.

셋째, 부드러운 시선으로 응시

입의 표정뿐 아니라 눈의 표정을 통해 내면의 감정을 표현할 수 있다. 상호 간의 대화에서 부드러운 눈맞춤을 통해 경청과 공감을 표현한다.

넷째, 긍정의 메시지 전달

따뜻한 말 한마디를 통해 기분이 좋아지는 사람, 호감도가 높은 사람으로 느껴진다.

다섯째, 호감과 긍정의 제스처 사용

말의 내용을 깊이 있고 전달력 있게 해주는 것이 제스처이다. 동조를 한다는 의미와 귀 기울여 이야기를 듣는다는 경청의 의미로 고개를 끄덕이고 상체를 숙이는 등의 비언어 커뮤니케이션을 표현하면 말의 전달력을 더욱 풍성하게 해준다.

좋은 인상을 만드는 5단계를 통해 즐거운 마음에서 긍정의 행동으로 이어진다면 상호 간의 행복하고 원활한 유대관계를 유지할 수 있으며 좋은 첫인상을 나타낼 수 있다.

Check

1. 이미지가 좋은 사람은 어떤 사람인지 작성해보자.

2. 호감 이미지를 위하여 스스로가 노력해야 할 부분은 무엇인지 작성해보자.

ImageBranding

Chapter 2

표정 이미지 전략

1 표정 이미지

1) 표정의 개념

거울을 들여다보며 자신의 표정에 대해 생각해봐야 하는 이유가 있다. 자신의 얼굴을 책임질 사람은 바로 '나'이기 때문이다. 상대에게 어떤 표정을 보여주고 싶은가.

얼굴은 심리적 상태가 그대로 반영되는 곳이다. 개인과 개인을 구별하는 기준이 되는 곳이며 상대를 떠올리게 하는 부분이다.

표정은 하나의 언어이다. 자신의 느낌과 감정을 전달하는 소통방법이며, 매력 있고 호감있는 모습으로 보여주기 위한 필수요소이다. 개인의 감정을 표현하는 비언어 커뮤니케이션이다. 어떤 말보다 더 큰 힘이 되고, 부드러운 대인관계를 유지하기 위한 방법이자 좋은 인상과 긍정의 이미지를 형성하는 중요한 수단이다. 말을 하지 않아도 표정만으로도 공감이 가능하며 의사소통이 이루어진다.

잘생기고 예쁘더라도 늘 인상을 쓰고 표정이 어두운 편이라면 호감 있는 이미지, 좋은 이미지를 보여줄 수 없다. 표정 이미지는 짧은 시간 안에 상대를 즐겁고 활기차고 자신감 있는 모습으로 만들어 준다.

> "자신감 있는 표정을 지으면 자신감이 생긴다."
>
> -찰스 다윈-

표정은 마음에서 전해져 나오는 것이다. 희노애락의 감정을 지닌 마음만으로도 얼굴 이미지의 표현은 다르게 나타난다. 자신의 내면적인 의미가 그대로 얼굴에 표현되는 것이다. 환하게 웃는 표정으로 상대에게 '안녕하세요', '감사합니다'를 전하는 것만으로도 상대방의 입가에 미소를 머금게 한다. 단순히 미소를 보이는 것만으로도 '인상이 좋다', '믿음직스럽다'의 이미지를 형성하는 요인이 된다.

밝은 표정을 연출하기 위해 필요한 것이 스마일한 표정이다. 자존감을 높이고 자신의 이미지를 더 업그레이드하기 위한 요소이다.

아름답고 매력적인 표정 연출을 위해 평상시 자신만의 표정을 하나씩 체크해보는 것이 필요하다. 상대가 보는 모습은 현재 내가 지닌 감정이 드러나는 순간이다.

2) 표정근육

얼굴근육은 피부 바로 아래에 위치하며 얼굴 신경(안면 신경)의 영향을 받아 얼굴의 표정을 조절하는 근육이다.

표정은 내면의 상태를 고스란히 전달하는 기능과 얼굴의 미세근육을 통해 다양한 표정을 연출하는 기능이 있다.

인간의 보편적인 감정을 7가지—경멸, 슬픔, 공포, 분노, 놀람, 기쁨, 역겨움—로 분류한 에크만 교수의 연구는 43개의 미세한 근육들이 각기 다른 조합으로 10만 가지가 넘는 표정을 만들어 낸다고 하였다.

이러한 표정을 연출하기 위해서는 눈꺼풀을 닫는 역할을 하는 안륜근(눈둘레근), 미간에 가로로 주름이 지게 하는 근육인 비근근(눈살근), 콧등과 콧방울에 있는 얼굴근육 가운데 있는 비근(코근), 광대뼈에서 윗입술과 입꼬리로 붙는 근육인 대관골근(큰광대근)과 소관골근(작은광대근)이 있다.

그 외에 위턱뼈와 아래턱뼈에서 일어나 일부는 입꼬리의 피부에 붙고 일부는 입둘레근으로 이어지는 근육인 협근, 상순거근(위입술올림근), 구륜근(입둘레근), 소근(입꼬리당김근), 구각하체근(입꼬리내림근), 하순하체근(아래입술내림근) 등이 있다.

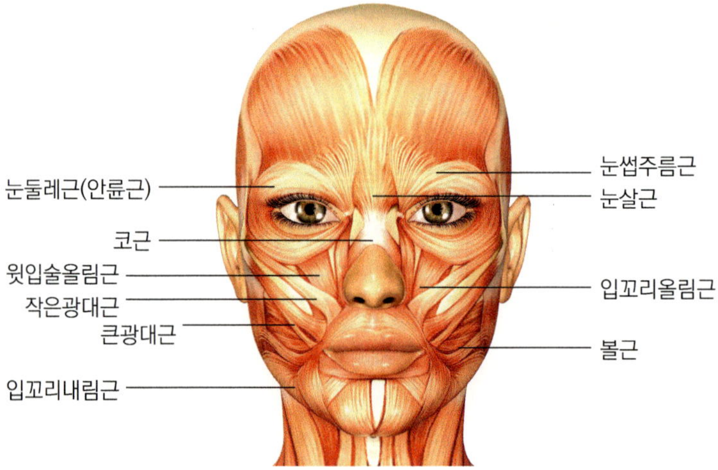

얼굴 표정 근육

3) 표정연출의 효과

하루에 거울을 보는 횟수가 몇 번 인가. 자신이 얼굴을 보지 않는 나머지 시간은 스스로가 아닌 타인이 나의 모습을 보고 있는 시간이다. 많은 사람들에게 무의식적으로 보여지는 표정의 효과는 다음과 같다.

- **호감도를 높여준다.**

- 대인관계에 있어 윤활유 역할을 해주며 자신에 대한 좋은 감정을 가지게 한다.

- **상대와의 공감대를 형성한다.**

- 생각과 감정을 이해하는 표현법을 통해 공감을 이끌어 낸다.

- **자신감을 향상시킨다.**

- 밝은 표정을 보이는 것만으로도 내면과 외면의 자신감이 향상되고 상대에게 신뢰감을 주는 이미지연출이 가능하다.

- 이미지를 각인시킨다.

- 상대에게 부드럽고 아름다운 표정을 보여 긍정의 이미지를 기억하게 한다.

- 상대의 심리와 기분을 파악할 수 있다.

- 얼굴에 드러난 표정만으로 현재의 감정상태를 확인한다.

- 감정 이입이 되어 상호 간 기분 좋은 느낌을 준다.

- 밝은 이미지의 모습을 보는 것만으로도 좋은 감정을 이입하는 효과가 있다.

2 입의 표정

1) 미소

미소는 소리없이 방긋이 웃는 것을 말한다. 내면의 기분이 좋으면 자연스럽게 표현되는 것이 입의 표정이다. 사회적 관계를 유지하기 위해서 미소를 보이기도 한다. 이를 통해 상호적 관계를 증진하고 정서 상태를 반영한다.

'미소짓는 것이 뭐가 어려울까'라고 생각하지만 자신의 입가 근육이 뭉치거나 근육사용을 제대로 하지 않는다면 어려운 표정짓기의 하나가 바로 미소의 표정이다. 갑작스레 웃거나 미소를 지으려고 한다면 어색하고 굳은 얼굴 표정에 입꼬리는 떨리게 된다.

"행복하기 때문에 웃는 것이 아니라 웃기 때문에 행복해집니다."

-윌리엄 제임스-

2) 진실의 미소와 거짓의 미소

미국의 심리학자 폴 에크만(Paul Ekman)은 '얼굴움직임 부호화 시스템(FACS)' 장치를 이용해 진실의 미소와 거짓의 미소를 구분하는 실험을 하였다. 근육의 움직임을 통해 19가지 종류의 미소를 만들 수 있으며 그중 1가지만 진실된 미소라는 것을 밝혔다.

뒤센미소(Duchenne smile)와 팬암 미소(Pan-Am smile)로 구분했다. 뒤센미소는 무의식적으로 만들어지는 진실의 미소이며, 표정에 대한 연구를 했던 신경학자 뒤센의 업적을 기리며 이름을 정했다. 환하게 웃을 때 입술 양끝이 위로 당겨지면서 광대근이 올라가고 두 눈이 아래쪽으로 살짝 쳐지는 안륜근(눈 가장자리 근육)의 움직임이 보인다. 팬암미소는 우스운 느낌 없이 인위적으로 짓는 거짓의 미소를 말하며, 미국의 팬아메리칸월드 항공 승무원들의 미소에서 유래했다. 구륜근(입 가장자리 근육)만 움직이고 안륜근의 움직임은 없다.

입만 웃는 것이 아닌 눈이 함께 웃어야 진정한 미소가 연출된다.

3 눈의 표정

사람의 얼굴로는 다양한 감정표정이 가능하며 눈, 입, 눈썹 등의 미세한 근육을 통해 분노, 두려움, 질투, 기쁨, 환호, 즐거움 등을 표현한다. 언어적 요소보다 더 강력한 메시지를 전달하기에 얼굴표정을 제대로 표현하기 위한 노력과 상황에 따른 맥락을 정확하게 파악하는 것이 중요하다.

입의 표정만큼 중요한 것이 바로 눈의 표정이다. 미세한 표정 하나로 자신감이 부족하고 의욕도 없는 사람으로 보일 수 있다. 제대로 된 나를 표현할 수 있는 매력적인 눈의 표정으로 자신을 더 빛나는 사람으로 보여주자.

1) 스마이즈 표현법

상황에 따라 표정연출도 달라진다. 트렌드 스마일로 떠오르는 것이 바로 '스마이즈'이다.

스마이즈(smize) = 스마일(smile) + 응시하다(gaze)

스마이즈(smize)는 미소를 뜻하는 스마일(smile)과 응시하다(gaze)를 합성한 신조어이다. 입으로만 웃는 것이 아니라 눈을 통해 미소 짓는 것을 말한다. 눈으로도 자신의 감정을 표현할 수 있으며 소통할 수 있는 방법이 된다. 눈 근육을 활용하여 눈웃음을 지어 밝은 표정을 전한다. 최근 들어 서비스업계의 고객응대 방법으로 활용하고 있는 새로운 스마일 방법이다.

2) 눈의 표현법

호감으로 느껴지는 사람들의 행동은 어떠한가. 그리고 그들의 평상시 표정은 어떠한가. 밝고 긍정의 인상을 보여주는 사람들은 얼굴에 드러나는 표정만으로도 상대에게 좋은 감정을 심어준다.

호감도는 가치관, 표정, 제스처, 패션, 행동, 말투 등의 종체적인 평가로 이루어진다. 타고난 외모를 바꾸는 것보다 마인드와 행동 방식에 변화를 주는 것만으로도 호감도를 높일 수 있다. 아름답고 멋있는 외모를 지닌 것만으로 매력적이라 말할 수 없다.

상대방에게 호감과 긍정의 인상을 주는 눈의 표정과 그렇지 않은 눈의 표정은 따로 있다. 눈동자의 움직임과 시선처리, 그리고 응시방향에 따라 현재 상태를 알 수 있고 상호 간의 비언어 커뮤니케이션을 전할 수 있다. 타고난 것이 아닌 사회적 학습을 통해 변화 가능한 것이기에 지금부터 자신의 표정을 하나씩 살펴보자.

(1) 부정의 이미지를 보이는 눈의 표정

- 뚫어지게 상대를 응시한다.
- 힐끗힐끗 곁눈질을 한다.
- 위아래로 훑어 본다.
- 상대가 이야기할 때 다른 곳을 응시한다.
- 미간에 힘을 주며 인상을 쓴다.
- 시선분산이 될 수 있는 눈의 깜빡임을 지속적으로 한다.

(2) 긍정의 이미지를 보이는 눈의 표정

- 부드러운 시선으로 상대를 응시한다.
- 눈가 근육을 이용해 눈을 반달 형태로 만든다.
- 상대의 눈높이에 맞게 시선을 맞춘다.
- 눈초점이 흐리지 않고 빛나는 눈을 보여준다.

4 표정 스트레칭

개인의 감정을 전달하는 표정에는 수많은 정보들이 제공된다. 인상 형성의 중요한 부분인 얼굴 표정을 제대로 표현하기 위한 연습이 필요하다. 의도적으로 밝고 건강한 표정을 지으면 감정도 바뀔 수가 있다.

밝은 표정을 연출하기 위해서는 평상시 안면 근육운동을 통하여 자신의 이미지를 플러스할 수 있는 트레이닝이 필요하다. 표정 스트레칭으로 경직되고 어색한 얼굴 표정을 풀어주고 한결 부드러운 인상을 표현할 수 있다. 자신의 표정이 어둡다는 이야기를 많이 듣거나 늘 경직되고 긴장감이 가득하다면 지금부터 표정 트레이닝을 시작해보자.

1) 눈의 표정 트레이닝

운동을 할 때 스트레칭이 필요하듯 부드러운 눈매 트레이닝 방법 역시 자신의 이미지를 연출하기 위한 준비 운동이자 중요한 부분이다. 굳어 있는 근육을 이완시켜주어야 자연스러운 표정이 연출된다.

아침 일과를 시작하기 전에 트레이닝 효과가 더 있으며 되도록 매일 시간과 횟수를 정해놓고 시작하는 것이 좋다. 이러한 관리로 부드럽고 자연스러운 미소와 매력적인 이미지가 표현된다.

(1) 안륜근 스트레칭

- 3초간 눈을 꼭 감는다. 이때 살며시 감는 것이 아니라 눈에 힘을 주며 꼭 감는다.
- 3초간 눈에 힘을 주어 크게 뜬다.
- 1번과 2번을 반복하며 안륜근을 부드럽게 만든다.

  (안륜근 : 얼굴에 있는 근육으로 눈꺼풀을 닫는 역할을 한다.)

(2) 부드러운 눈매 트레이닝

- 안륜근 스트레칭을 한다.
- 턱은 들지 않고 정면을 본다. 눈에 힘을 주며 눈동자를 위로 보고 3초, 아래를 보고 3초를 3번씩 반복한다.
- 3초 동안 눈을 감아 피로를 풀어준다.
- 턱은 들지 않고 정면을 본다. 눈에 힘을 주며 눈동자를 오른쪽을 향해 3초, 왼쪽을 향해 3초를 3번씩 반복한다.
- 3초 동안 눈을 감아 피로를 풀어준다.
- 눈동자를 시계방향으로 3번, 반시계 방향으로 3번씩 돌려준다.
- 마지막으로 편안하게 눈을 10초 정도 감았다가 뜬다.

2) 입의 표정 트레이닝

입 주위의 근육 움직임을 통해 원하는 표정을 연출할 수 있다. 다양한 얼굴 근육을 사용하여 상황에 따른 표정을 짓는 것이 중요하다. 상대에게 무표정하게 인사를 했을 경우 나의 의도와는 다르게 상대방은 잘못 해석할 수 있다.

감정에 따른 표정 변화가 없는 편이며 웃는 것이 어색하다고 생각한다면 지금부터 행복하고 자연스러운 미소를 위한 입의 표정 트레이닝을 해보자.

(1) 입모양 연습

입을 크게 벌리며 '하, 히, 후, 헤, 호' 를 연습한다. 발음을 하면서 입꼬리까지 근육의 움직임을 느끼는 것이 중요하다. 작게 입을 오무리며 말하게 되면 무의미한 연습이 된다. 자신의 이미지를 업그레이드하기 위한 습관화를 가지는 것이 필요하다.

하	턱이 아래로 내려오고 입을 가장 크게 벌리며 '하' 소리 낸다.
히	입꼬리를 가로방향으로 일자를 만드는 느낌으로 '히' 소리를 내며 이때, 광대근이 올라가듯 입꼬리를 살짝 위로 향하게 한다.
후	입술을 앞으로 동그랗게 말아 쭉 내밀며 '후' 소리를 낸다.
헤	아랫입술이 살짝 안으로 말리듯 입꼬리에 힘을 주어 '헤' 소리를 낸다.
호	인중을 아래쪽으로 미는 듯한 느낌으로 입술을 동그랗게 말아 '호' 소리를 낸다.

입 표정 트레이닝을 처음 연습할 때에는 하루 횟수를 정해두는 것이 좋다. 습관화를 들이기 위함이다. 익숙해진다면 수시로 연습하여 자연스러운 표정을 지을 수 있게 하자.

5 자연스러운 표정연출법

흐르는 세월따라 좋아지는 사람이 있고 처음 보는 순간 좋아지는 사람이 있다. 첫 만남에 긍정 이미지로 인식되는 것이 필요하며 대인관계에 있어 상대방에게 자신의 이미지를 매력적인 모습으로 각인시키는 것이 중요하다. 첫인상이 평생의 인상을 좌우하기도 한다. 한 번에 쉽게 바뀌지 않기에 더 좋은 이미지를 만들기 위해 나쁜 습관은 버리고 좋은 습관을 형성해야만 한다.

이미지 트레이닝을 하기 위한 방법은 다음과 같다.

(1) 이미지 트레이닝

① 긍정의 마인드로 자신감 있는 태도와 자세를 연출하기

② 매력적인 표정을 연출하기 위한 이미지 트레이닝 하기

첫째, 입을 크게 벌렸다 닫기를 3회 정도 반복하여 근육을 이완한다.

둘째, '하, 히, 후, 헤, 호'를 한 음절씩 입을 크게 벌려 천천히 소리 낸다.

셋째, 입꼬리가 올려지게 '히' 발음을 길게 한다. 입꼬리가 올려져야 광대근 역시 상향 움직임이 연출된다.

넷째, 세 번째 동작과 함께 눈을 반달 형태로 만든다. 눈이 웃는 스마이즈 표정을 연출하여 진실된 미소 연습이 완성한다.

다섯째, 매일 1번부터 4번 동작까지 연속해서 3회 정도 반복한다.

③ 자신의 표정을 늘 관찰하기

④ 매력과 장점을 표현할 수 있는 제스처 활용하기

⑤ 사람들과의 관계 능력을 향상하기 위한 이미지 트레이닝을 습관화하기

(2) 표정에 대한 감정 해석

자신감을 향상하고 장점을 극대화하기 위해서는 자신의 이미지를 연출하는 방법이 필요하다. 우리의 표정은 많은 이야기를 담고 있다. 잘못된 표정으로 상대에게 부정적인 이미지를 심어주기보다 진정성 있고 신뢰감 있는 모습을 표현하여 자존감을 높이고 긍정적인 관계형성을 할 수 있다.

표정에 대한 감정 해석

표정	표정에 대한 감정해석
눈을 마주치치 않는다.	상대의 말에 집중을 하지 않는다. 숨김, 거부의 의사표현으로 해석된다.
곁눈질을 한다.	상대의 말에 대한 의심과 불만의 표현으로 해석된다.
위아래로 훑어본다.	불신과 무시로 해석된다.
한쪽 입꼬리만 올려 웃는다.	비웃음의 표현으로 불신과 경멸의 의미로 해석된다.
미간에 힘을 주어 인상 쓴다.	상대의 말에 불편함을 느끼거나 의문과 거절, 반대표현으로 해석된다.
시선이 지속적으로 바닥으로 향한다.	거만함 또는 듣고 싶지 않은 표현으로 해석된다.
밝게 웃으며 상대를 본다.	상대의 말에 경청하며, 호감과 긍정의 의미로 해석된다.

Check

1. 현재 거울로 보여지는 얼굴표정을 살펴보고 어떤 모습인지를 작성해보자.

2. 셀프 카메라로 촬영한 자신의 얼굴표정을 살펴보자. 다음의 두 가지 사진을 촬영하여 느껴지는 모습의 이미지를 작성해보자.

- 무표정일 경우

- 웃는 표정일 경우

Chapter 3

나를 성장시키는 셀프코칭

1. 퍼스널브랜드 이해

2. 퍼스널브랜드 전략

1 퍼스널브랜드 이해

성장 변화가 빠른 현대사회에서는 나를 표현하고 나를 드러낼 수 있는 차별성, 독창성이 필요하다. 자신만의 방법으로 다른 사람들과 경쟁력이 되는 요소를 위하여 노력해야 한다. 다시 말해 현대사회는 '나'라는 사람을 각인시켜야 할 필요성이 있는 시대이며 기업과 제품뿐만 아니라 개인이 브랜드가 되는 사회이다.

남들과 나를 차별화하여 자신의 가치를 높이고 사람들에게 '나'의 모습을 분명하게 보여주는 것이 바로 퍼스널브랜드이다. 생각, 행동방식, 태도를 통해 자신의 이미지를 강화하여 특정 분야에서 돋보이고 자리매김할 수 있는 노력이 필요하다.

개인이 브랜드가 되는 사회에서는 차별화된 나만의 전략을 만들기 위한 브랜딩이 필요하다. 브랜딩은 브랜드명, 제품이미지를 부여하는 작업을 뜻한다.

퍼스널브랜드를 위해서는 자신의 핵심가치가 무엇이며, 자신의 비전, 브랜드를 정립하는 과정들을 구상해야 한다.

1) 퍼스널브랜드

(1) 퍼스널브랜드 정의

브랜드라는 단어는 낯설지 않다. 우리가 구입하는 모든 제품이 브랜드이다. 이러한 브랜드의 유래는 다양하다. 제품에 기업 로고를 각인하거나 가축에게 쇠를 달구어 낙인을 찍는 소유의 의미에서 시작된다는 것이 일반적인 유래이다.

현대의 브랜드 정의는 경쟁업체의 제품이나 서비스를 구분하는 데 사용되는 이름, 기호, 로고, 도형, 패키지 디자인 등을 말한다. 제품의 특징을 전달하고 판매의 영향력을 높이는 요소이기도 하다.

특정 인물이나 특정 분야를 생각하면 머릿속에 곧바로 떠오르는 것이 퍼스널브랜드이다.

하지만 내가 누구인지 보여주지 않고 표현하지 않으면 나를 떠올리는 사람이 과연 몇 명이나 될까. 퍼스널브랜드를 만들기 위해서는 브랜딩 과정이 중요하다. 퍼스널브랜딩은 특정 분야에 대해서 우선적으로 떠올릴 수 있도록 만드는 과정을 말한다. 남들과는 다른 자신만의 빼어난 강점을 통해 가치를 높이고 인정받기 위한 일련의 과정들이다.

기업의 브랜드를 생각해보자. A기업의 브랜드가 대중들에게 알려지기까지 많은 시간과 과정을 거쳐 인지도를 높이게 된다. 'A기업=00브랜드'와 같이 하나의 수식어로 인식되기 위해서는 고객의 니즈파악, 다른 제품과의 차별화 등을 고려하여 브랜딩을 하게 된다.

기업뿐만 아니라 개인도 마찬가지이다. 개인의 역할은 다양하기에 추구하는 방향성과 가치, 직업이나 분야에 따라 적절하게 자신을 표현해야만 한다.

(2) 퍼스널브랜딩 효과

퍼스널브랜딩은 첫 이미지를 시작으로 지속적인 관계와 경험을 통해 형성된 감정, 기억에서 시작된다. 브랜딩 시작이 곧 브랜드를 만드는 시작점이 된다. 가치를 인정하는 것으로 브랜드화를 구축한다.

특정 분야에서 '나'라는 사람을 떠올릴수 있게 하는 퍼스널브랜드를 위해서는 자기계발이 필수이다. 개인의 가치와 능력을 인정받기 위해서는 타인과 구별되는 포지션과 자신의 성장과 발전을 위한 노력이 필수이다.

퍼스널브랜드를 통해 플러스되는 4가지 효과를 살펴보자.

① 퍼스널브랜드를 통해 다른 사람들에게 신뢰감을 준다.

② 퍼스널브랜드를 통해 나만의 차별성이 되는 경쟁력을 확보할 수 있다.

③ 퍼스널브랜드를 통해 자신의 정체성을 확립한다.

④ 퍼스널브랜드를 통해 자신의 가치를 상승시킨다.

퍼스널브랜드 효과

2 퍼스널브랜드 전략

'나'를 연출하고 표현하기 위해서는 먼저 나에 대한 이해와 분석이 필요하다. 다음과 같은 질문에 자신있게 답을 할 수 있는가. 그렇지 않다면 자신의 포지셔닝, 역할, 목표 등에 따라 전략방법을 구체화시켜야 한다.

'나는 어떻게 보여지기를 원하는가?'
'내가 보여주고 싶은 모습은 어떠한 이미지인가?'
'세상 변화에 맞춰 나의 모습을 표현할 수 있는가?'

자신을 제대로 표현할 줄 알아야 '나다움'을 사람들에게 알릴 수 있다. 현재 위치에서 나는 무엇을 하는 사람이며, 사람들에게 어떤 도움을 줄 수 있는지를 파악하여 퍼스널브랜드 전략을 계획해야 한다.

퍼스널브랜드 전략을 위해서는 브랜드 아이덴티티, 즉 정체성이 중요하다. 정체성의 사전적 의미는 '변하지 아니하는 존재의 본질을 깨닫는 성질 또는 그 성질을 가진 독립적 존재'이다. 자신이 원하고 바라는 이미지, 원하는 분야, 가치관 등이 제대로 확립되기 위해 필요한 것이 아이덴티티이다.

퍼스널브랜드를 구축하는 것은 스스로를 파악하는 것에서부터 시작된다. 마케팅 전략법 3가지를 통해 자신을 표현할 수 있는 브랜드를 만들어 보자.

첫째, SWOT분석이다.

미국의 경영컨설턴트인 알버트 험프리(Albert Humphrey)에 의해 고안되었다. 기업뿐만 아니라 개인분석에서도 활용하는 분석방법이다. 내부요소를 분석하여 자신의 강점과 약점을 찾고, 외부요소를 분석하여 기회와 위협을 찾아내어 강점과 기회는 활용하여 극대화하고 약점과 위협은 수정 보완하여 진정한 나를 찾는다.

둘째, 아이덴티티이다.

자신의 정체성을 뜻하며 변하지 않는 존재의 본질을 깨닫는 성질을 말한다. 에릭슨(Erikson, E. H.)의 자아 심리학이나 올포트의 인격 심리학에서 사용한 개념으로 타인과 구별되는 현재의 자신은 과거와 미래의 자신과도 이어진다는 생각을 뜻한다.

셋째, 브랜드 비전탐색이다.

브랜드 비전을 통하여 자신의 사명과 핵심가치를 정립하고 향후 퍼스널브랜드의 성과와 결과물의 가능성을 확인할 수 있는 과정이다.

1) SWOT 분석

SWOT 분석은 기업의 내부환경과 외부환경을 분석하여 강점, 약점, 기회, 위협 요인을 규정하고 이를 토대로 경영전략을 수립하는 기법이다. SWOT은 다음과 같이 4가지로 구분한다.

S - 강점(strength)
W - 약점(weakness)
O - 기회(opportunity)
T - 위협(threat)

SWOT의 4가지인 강점·약점·기회·위협에서 강점(strength)은 다른 사람들과 비교하여 자신이 더 우세한 부분이 무엇인가를 인지하는 것이고, 약점(weakness)은 스스로가 약한 부분을 찾는 것이다. 기회(opportunity)는 외부요소에서 내가 유리한 기회요인은 무엇인지에 대한 분석이고, 위협(threat)은 불리한 요인은 무엇인지를 찾아내는 것이다. SWOT 분석을 통해서 적절한 전략을 구상해야 하며 자신이 가지고 있는 사전정보를 파악하고 나열해 보는 것으로 퍼스널브랜드를 구축할 수 있다. 환경분석을 통하여 강점, 약점, 기회, 위협 요인을 규정하고 이를 토대로 마케팅 전략을 수립하는 기법이다.

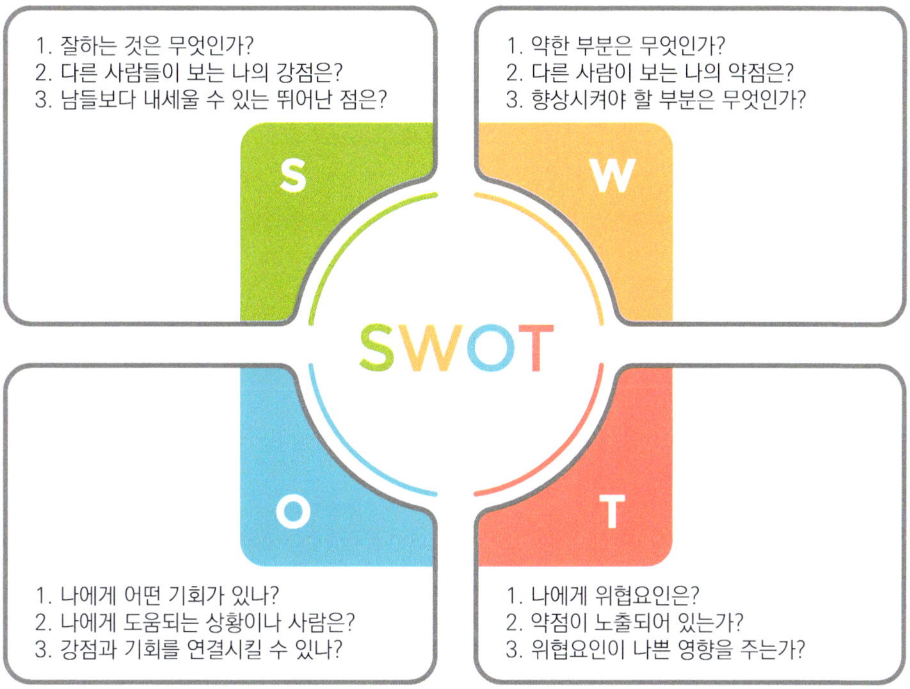

SWOT 분석

자기 분석을 위해서는 스스로에게 질문을 해본다.

- 오늘 무엇을 하였는가?
- 지금 이 순간의 기분은 어떠한가?
- 일상의 행복도는 몇 점인가?
- 나를 표현할 수 있는 단어는 무엇인가?
- 자신의 강점은 무엇인가?
- 자신의 약점은 무엇인가?

- 성장의 기회가 있다면 어떻게 활용할 것인가?
- 위협이 있다면 어떻게 해소할 것인가?

스스로에 대한 질문이 중요한 이유는 무엇일까. 생각을 자극하고 변화를 일으키기 때문이다. 이러한 질문과 대답을 통해서 잠재되어 있던 생각과 마인드를 깨우는 것이며 더 성장하기 위한 지름길을 만들어 나가는 것이다. 질문과 답을 통하여 '나다움'을 찾고, 과정의 경험으로 퍼스널브랜딩 전략법을 세워나간다.

(1) SWOT 분석을 통한 전략법

강점, 약점, 기회, 위협을 모두 파악했다면 SWOT 분석을 통하여 퍼스널브랜드 전략을 수립한다. 분석 결과를 통하여 현재 상황을 분석하고 자신의 목표를 구체화시킨다.

다음과 같은 4가지 전략 도출이 가능하다.

첫째, SO전략. 강점-기회 전략이다.

기회 활용을 위하여 강점을 사용하는 전략으로 기회를 잘 포착하여 강점을 적극적으로 사용하는 전략이다.

둘째, ST전략. 강점-위협 전략이다.

위협을 피하거나 최소화하기 위하여 강점을 활용하는 전략이다.

셋째, WO전략. 약점-기회 전략이다.

핵심역량 강화가 필요하며, 약점을 보완하고 극복하여 기회를 활용하는 전략이다.

넷째, WT전략. 약점-위협 전략이다.

약점을 보완하며 위협과 피해를 최소화하기 위한 방어적인 전략이다.

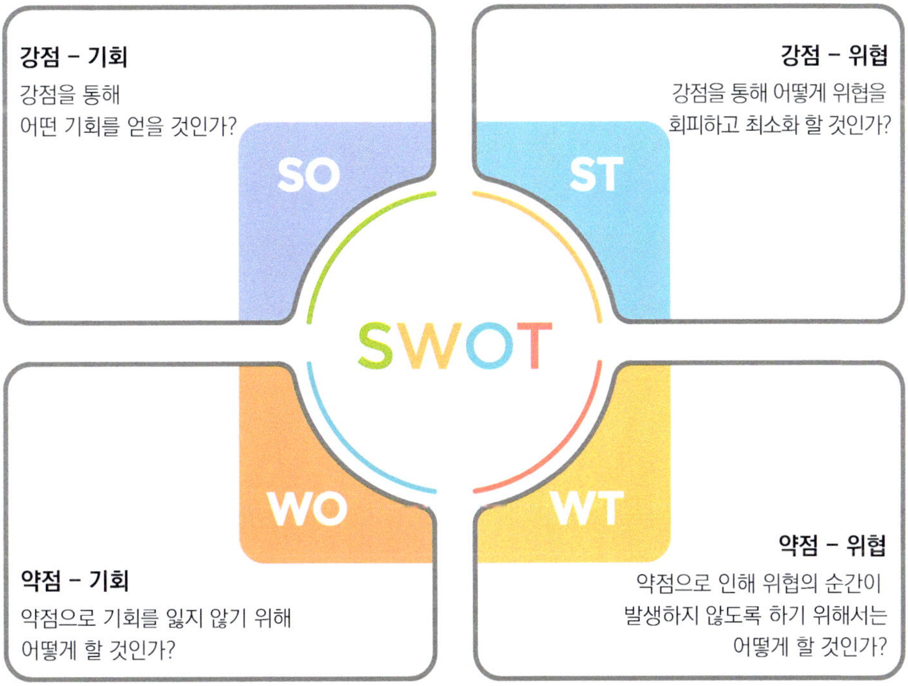

SWOT 분석전략

(2) 개인 SWOT 분석 실습

SWOT 분석방법을 통해 강점과 약점, 위협요소와 기회에 대해 분석해 보자. 특화된 부분과 자신만의 전략적 무기를 만들어 활용할 수 있는 방법을 찾게 된다. 나아가고자 하는 방향성과 브랜드 콘셉트를 명확히 하여 특별한 자신을 발견하게 된다. SWOT 분석과 SWOT 분석전략을 통하여 성장하고 발전하는 요소를 알고 나의 가치를 높일 수 있는 목표를 계획해 보자.

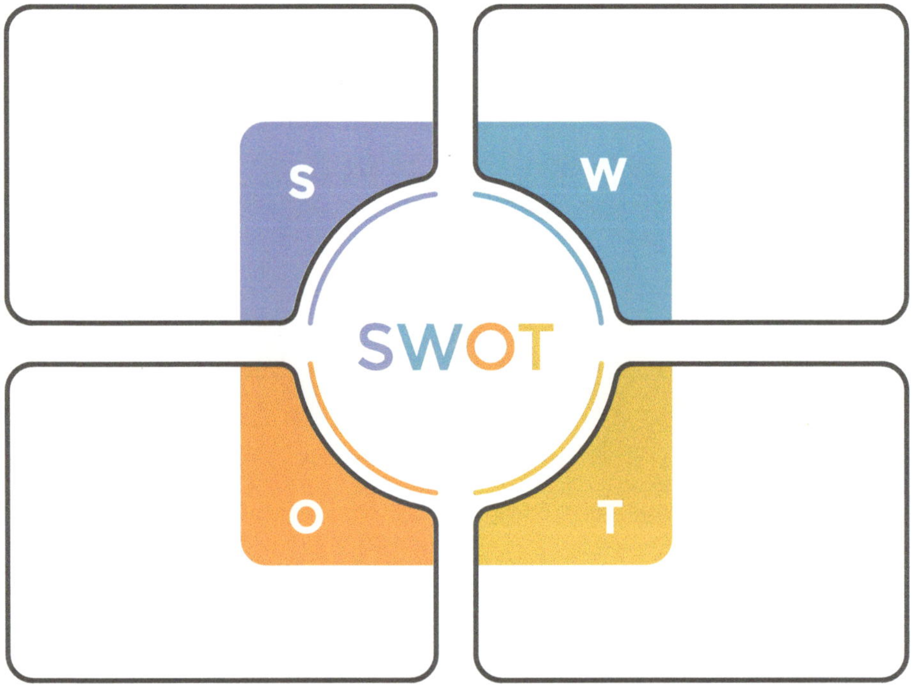

개인 SWOT 분석

개인 SWOT 분석전략

2) 아이덴티티

현대에서 아이덴티티는 독자성, 정체성, 그리고 자신이 희망하는 목표성을 위한 단서의 의미로 해석된다. 자신과 다른 사람들 사이에서 가지는 고유한 의미의 존재인지 아닌지를 파악하는 기초가 되는 개념이기도 하다.

집단사회에서는 아이덴티티를 공유한 사람들과 유대관계, 이해관계를 형성한다. 하나의 집단, 통일성, 응집력과 결속력을 높이는 중요한 부분으로 여겨진다.

퍼스널브랜드를 형성하기 위하여 목표성을 가져야 한다. 내가 누구인지, 무엇을 하는 사람인지, '나'라는 사람을 한마디로 표현할 수 있는지를 생각해보자.

차별화는 단순히 보여지는 시각적인 요소만이 아닌 생각, 사고방식, 행동 등을 통하여 이루어진다. 자신의 정체성이 제대로 확립되지 않고 브랜드를 구축한다면 제대로 된 브랜드를 성장시킬 수 없다. 목표와 방향성을 구체화하는 기초작업을 통하여 탄탄한 브랜드를 만들어 갈 수 있다.

(1) 현재 나의 이미지 창

남을 따라하여 무언가를 실행하려는 것은 제대로 된 자신을 찾을 수 없다. 전문지식과 자신만의 경험을 통하여 추구하고자 하는 인생의 목표를 설정하자. 원하는 목표에 대한 질문과 답을 통해 현재 나의 모습과 꿈과 비전을 위해 해야 할 것을 작성하자.

내가 원하고 바라는 일을 잘 알고 있는가?

내가 정말 하고 싶은 일/하고 싶은 것은 무엇인가?

위의 문항을 위해서 내가 해야 할 일/해야 할 것은 무엇인가?

(2) 앞으로 나의 이미지 창

하고 싶은 일과 잘하는 일을 찾기 위해서는 자신의 내면분석이 기본이 되어야 한다. 원하는 목표를 향해 한 발짝 다가서기 위해서 미래의 계획을 설정하고 목표를 실행하기 위한 노력이 필요하다. 다음의 문항을 통해 자신의 역할을 찾고 변화해야 할 부분을 생각해보자.

10년 뒤 나의 모습을 그려보자.

10년 뒤 내가 원하는 모습을 위해서 노력해야 할 것은 무엇일까?

3) 브랜드 비전탐색

퍼스널브랜드의 영향력은 강력하다. 자신만의 스토리를 통해 차별화 요소를 구축하고 인생 목표와 비전을 정의할 수 있으며 자신이 누구인지를 명확히 표현할 수 있다. 브랜드 비전을 위하여 뚜렷한 목표를 정하고 명확성, 방향성, 구체화를 위한 계획을 하나씩 적성해 나간다.

(1) 사명

사명은 나의 존재가치이다. 미래에 바람직한 나의 모습이며, 자신이 꿈꾸고 바라는 이미지를 그려보는 것이다. 나의 목표와 가치, 남들과는 다른 차별성 등을 토대로 작성한다.

(2) 미래가치

내가 존재하는 이유이자 목표인 부분이다. 5년 후, 10년 후 등의 구체화와 향후 어떤 사람으로 살아갈 것인지, 남들에게 어떤 영향력을 주는 사람이 될 것인지, 나만의 강점이 어떠한 부분으로 이바지될 것인지에 대한 내용과 이유가 분명해야 한다. 나의 가치와 성장을 위한 미션의 방향성을 작성한다.

(3) 핵심 가치

삶의 모든 과정들이 나의 자산이 된다. 남들과는 바꿀 수 없는 나만의 특별함이 있으며 강점이자 차별성이 되는 부분이 바로 자신의 핵심가치이다. 목표, 열정, 가치 등 무엇을 가장 중요하게 여기는지, 무엇과도 바꿀 수 없는 오로지 자신만의 핵심가치에 대해 작성해 본다.

퍼스널 브랜드 비전탐색을 위하여 사명, 미래가치, 핵심가치를 작성하는 것은 꿈을 하나씩 이루어가는 과정으로 자신만의 퍼스널브랜드를 확고히 만들어 나가는 성장의 발판이다.

사명	나 ( )의 사명은 ( ) 에게 ( )을 바탕으로 ( ) 하기 위해 존재한다
미래가치	( )의 미래가치는 ( )에서 ( )을 활용하여 ( )가 된다
핵심 가치	
나와의 약속	

Chapter 4

커뮤니케이션 이미지

1. 커뮤니케이션 이해
2. 커뮤니케이션 구성
3. 공감 커뮤니케이션 방법
4. 경청하기

1 커뮤니케이션 이해

1) 커뮤니케이션 의미

인간은 혼자서는 살아갈 수 없는 사회적 동물이다. 모든 순간이 사회화를 이루는 과정이며 나름의 의미를 전달하는 중요한 요소이다. 커뮤니케이션은 상호 간의 생각, 느낌 따위의 정보를 주고받는 것을 뜻하며, 말이나 글, 소리, 표정, 몸짓 따위로 이루어지는 것을 말한다. 인간관계를 형성하는 가장 기본이며 사회생활을 영위하기 위한 필수적인 수단이자 상호작용이 이루어지는 하나의 경로이다. 대화가 이루어지기 위해서는 둘 또는 그 이상의 사람들과 생각이나 의견이 상호 전달되어야 한다. 훌륭한 의사전달은 성공을 위한 필수 요소이다.

미국의 사회학자인 찰스 호튼 쿨리는 커뮤니케이션을 '인간관계가 존재하고 발전하게 되는 메커니즘'이라 주장하였다. 인간이 사회관계를 통해 하나의 존재로 살아가기 위한 도구를 지니고 있는 것을 말한다.

커뮤니케이션이 성립되지 않는다면 개인뿐 아니라 조직 간의 상호작용이 어렵기만 하다. 진정한 커뮤니케이션은 상대를 존중하고 배려하는 것에서 시작된다. 호감을 표시하고 존중하는 대화법을 통해 상대방은 대우받고 존경받는 기분이 든다. 배려하는 대화는 상대에 대한 예의이다.

상대에게 메시지를 전달할 때 언어로서의 전달만이 아닌 비언어적 커뮤니케이션을 통해서도 의미를 전달한다. 이를 통해 인간관계가 형성되고 업무 능력도 향상된다. 하지만 잘못된 커뮤니케이션 방법으로 양방향의 소통이 아닌 일방적이고 폐쇄된 소통을 전한다면 개인과의 관계, 조직 간의 유대관계가 악화된다.

2) 커뮤니케이션 중요성

요즘은 초연결사회이다. 사람과 사람, 사람과 기계가 연결된 사회로 소셜 네트워크를 통해 소통의 넓이가 확대되고 있다. 다양한 소통채널도 늘어나고 장소와 시간에 상관없이 편리하게 소통할 수 있는 방법들이 많아져 사람들과의 확장된 커뮤니케이션이 가능하다. 쌍방향의 소통이 아닌 일방적인 폐쇄된 소통을 전하기에 부작용도 늘어나고 있다. 또한 온라인상에서는 이모티콘, 부호화, 기호화를 통해서 감정 상태를 나타내기에 의미 전달의 문제가 발생한다.

상대의 이야기에 집중하거나 귀 기울여 듣기보다 자신의 주장만 내세우게 되면서 공감의 소통이 되지 않는다. 개인뿐만 아니라 조직에서도 다르지 않다. 상대를 이해하고 존중하며 공감소통을 통해 완성되는 커뮤니케이션은 대인 관계에서 중요한 부분이다.

커뮤니케이션은 감정과 신념, 생각을 전달하는 과정으로 말하는 이와 듣는 이가 메시지를 전달하며 서로를 이해하는 것이 효과적인 소통 방법이다. 기업의 경우에는 직원 간의 커뮤니케이션이 제대로 형성되지 않으면 품질과 고객만족 부분까지 결정적 영향을 미치게 된다. 개인의 경우에는 사람들과 의사소통이 원활하게 이루어져야 관계를 돈독하게 맺어주는 중요한 역할을 할 수 있다.

한쪽 의사만을 내세우기보다는 상대 의견을 존중하고 수용하는 태도를 보이는 것이 중요하다. 상호 간의 배려와 존중이 있어야 진정한 커뮤니케이션이 이루어진다. 언어적 요소와 비언어적 요소를 통해 전달하고자 하는 핵심내용을 파악해야 하며 상호 간의 오류가 생기지 않게 메시지 전달과 피드백이 잘 이루어져야만 한다.

3) 커뮤니케이션 주의사항

- 상황에 맞는 적당한 속도와 크기로 이야기한다.
- 정중한 태도로 상대와 이야기한다.
- 너무 낮은 저음이나 너무 높은 고음은 피하며 이야기한다.

- 올바른 경청으로 상대의 말을 적극적으로 들으며 이야기한다.
- 적절한 용어를 선택하여 이야기한다.

2 커뮤니케이션 구성

커뮤니케이션의 구성은 말로 전달하는 언어적 커뮤니케이션과 표정, 손짓, 목소리 등의 비언어적 커뮤니케이션으로 구성된다.

1) 커뮤니케이션 유형

(1) 언어적 커뮤니케이션

전달자는 메시지를 언어와 비언어로 부호화하여 수신자에게 전하면 수신자는 메시지를 해독하게 된다. 정보전달 채널을 통하여 의도를 가지고 전달하는 것이다. 전달자의 메시지에 대한 피드백이 필요한 경우 수신자의 생각을 부호화해서 전달한다. 전달자는 피드백 메시지를 해독하고 의미를 파악하는 커뮤니케이션 순환 과정을 통해 상호간의 자연스러운 커뮤니케이션이 이루어진다.

다음과 같은 순환의 요소들을 통하여 언어적 커뮤니케이션이 이루어진다.

- **전달자** : 메시지를 전하는 사람이다.
- **수신자** : 메시지를 받는 사람이다.
- **메시지** : 전달자는 전하고자 하는 내용을 언어적, 비언어적 표현을 기호화하는 것이고, 수신인은 기호화한 것을 해독화한다.

- **피드백** : 커뮤니케이션의 과정을 순환시키는 역할을 한다. 전달자의 의사가 잘 전달되었는지 확인하며 커뮤니케이션을 계속 반복하는 것이다.

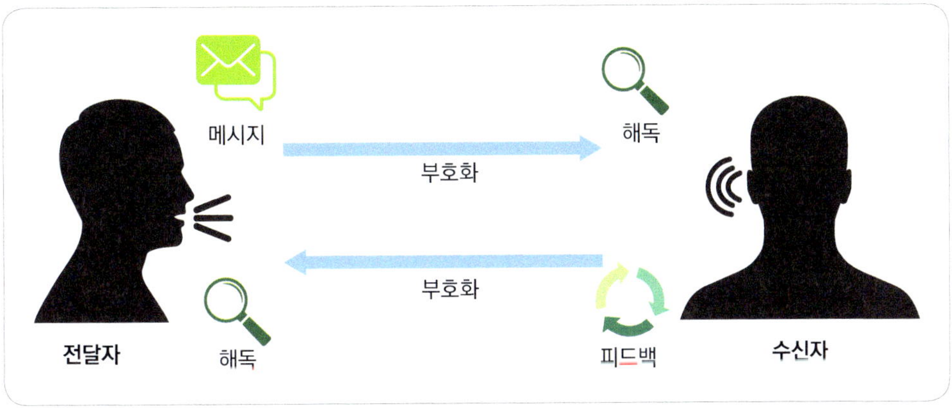

커뮤니케이션의 과정

(2) 비언어적 커뮤니케이션

희노애락을 나타내는 얼굴 표정과 제스처, 목소리 크기, 억양 등을 통하여 상호소통하는 것이 비언어적 커뮤니케이션이다. 즐거우면 얼굴에서 환하고 밝은 미소가 표현되고, 화나면 미간에 인상을 쓰거나 눈을 부릅뜨는 표정을 짓는다. 슬프면 얼굴표정으로 우울함과 슬픔을 표현하는 것 등을 통해 자신의 감정을 드러낸다. 언어적 요소만이 아닌 비언어적 요소를 통해서 감정과 생각을 전달하고 효과적으로 이야기한다.

메라비언의 법칙을 통해 93%의 비언어적 요소가 의미전달에 영향을 준다는 것과 같이 눈으로 보여지는 행동화, 시각화된 표현은 커뮤니케이션의 내용을 풍성하게 해주는 전달법이 된다. 다음의 예를 살펴보자.

A. (무표정한 얼굴, 단조로운 낮은 음으로 이야기한다.)
"오랜만입니다. 잘 지내셨어요? 너무 반가워요."

B. (밝고 미소, 밝은 목소리에 톤을 높여 이야기한다.)
"오랜만입니다. 잘 지내셨어요? 너무 반가워요."

위의 A와 B를 괄호 안에 있는 표정과 목소리로 같은 말을 다르게 표현해보자. 다른 것이 느껴지는가?

먼저 A의 상황을 살펴보자. 얼굴에는 아무런 표정이 없고 단조로운 낮은 음으로 "오랜만입니다. 잘 지내셨어요? 너무 반가워요"라고 이야기를 전했을 때 어떻게 들릴까. 과연 반가움이 고스란히 느껴지는 말로 들리는가. 그렇다면 다르게 표현을 해보자. 반갑게 환하게 웃으며 놀라는 모습으로 감탄사를 더하여 말을 전한다면 또 다른 의미일 것이다. 상대방은 자신을 반기는 마음과 기뻐하는 마음을 표현하는 것으로 느끼게 된다.

이렇듯 말로 전하는 언어적 요소와 표정으로 전하는 시각적 요소, 목소리로 전하는 청각적 요소가 함께 전달되면 전체 맥락을 더 이해하기 쉬우며 충분한 메시지가 전달된다. 전달자의 메시지 부호화와 수신자의 해독하는 과정으로 정확한 전달이 이루어지며 말의 내용을 잘 이해하게 된다. 상황과 분위기에 적절한 비언어적 요소를 평상시에도 사용하는 노력이 필요하다.

3 공감 커뮤니케이션 방법

1) 공감의 경청

경청은 공경하는 태도로 주의를 기울여 듣는 것을 말한다. 단순히 상대의 이야기를 듣는 것만이 아니다. 의식적 노력 없이 무의식적으로 행하는 것이 단순한 듣기이며, 경청은 자발적인 노력과 집중을 통하여 상대방의 말에 공감하고 이해하며 대화의 내용을 파악하는 것을 말한다.

그렇다면 말하는 것과 듣는 것 중 가장 쉬운 것은 어떤 것일까. 하고 싶은 이야기를 전달하기보다는 상대의 이야기에 귀 기울여 경청하는 듣기는 결코 쉽지만은 않다. 서로를 이해하기 위한 노력이자 배려이며 공감대 형성을 위한 제대로 된 듣기로 대화를 이어나가는 것이 중요하다. 이야기를 들어주는 것이 쉽다고 생각할 수 있겠지만 듣는 것과 경청하는 것은 다르다.

듣기만 하는 소극적 경청이 아니라 상대가 전달하는 메시지 내용을 이해, 분석하며 귀 기울여 듣고 피드백을 한다. 적극적인 경청은 감정이입과 상대의 니즈를 파악하기 위한 커뮤니케이션 방법이다. 비언어적 요소와 복창의 방법을 통해 내용을 재정리하고 상대방에게 집중해서 듣는 자세로 공감을 표현한다.

2) 정확한 발음과 명확한 메시지 표현

올바르지 않은 발음은 상대에게 자신의 의사를 제대로 전달할 수 없다. 오해를 받을 수도 있고 정확하게 알아듣지 못해서 오류가 발생하기도 한다. 또박또박한 발음을 하기 위해 모음을 정확하게 발음하고, 속삭이듯 말하는 것이 아닌 입을 크게 벌리며 말한다.

적절한 속도 역시 중요하다. 너무 빠르거나 너무 느린 말의 속도는 이야기의 전달력이 낮아지고 산만한 느낌이 들어 집중력이 저하된다. 속도는 상대방에 맞게 적절한 속도로 이야기한다. 자신의 생각을 전달하기 위해서는 또렷하고 명확한 발음으로 표현해야 한다.

발음과 속도 못지 않게 중요한 것이 바로 메시지 전달이다. 지나치게 길게 나열하여 전달하면 말의 핵심을 놓칠 수 있다. 감정 소비와 피곤함마저 들게 된다. 자신이 전하고 싶은 주장이나 결론을 서두에 전한다. 명확하게 전하고 싶은 말의 핵심을 전달한 뒤 뒷받침할 내용을 설명하면 좋다.

다음의 예를 살펴보자.

A. 지금 작업하는 프로젝트 내용 어떤 것 같아? 나는 어떤 것부터 시작해야 할지 모르겠어. 우리도 함께 회의해볼까? 이러다 기한 마감되면 큰일 날 듯한데. 서로 배려하며 빨리 시작하면 좋을 것 같은데 무엇부터 해야 할지...

B. 도대체 무슨 말인지?

A의 이야기에 핵심은 무엇일까? 하고 싶은 말이 무엇인지에 대한 내용이 불분명하기에 상호 간의 대화가 이루어지지 않는다. 자신이 하고 싶은 이야기의 명확한 메시지 표현을 위해서는 애매한 표현법, 장황한 이야기가 아닌 쉬운 단어로 핵심을 전달하며 효과적인 커뮤니케이션을 해야 한다.

3) 친밀관계를 위한 라포형성

(1) 라포(rapport) 개념

라포(rapport)는 인간관계에 있어 상대와의 공감대를 형성하고 친밀도를 높이는 관계를 말한다. 혼자만의 생각이 아닌 상대와 긴밀한 관계가 조성되어야 라포가 이루어진다. 비슷하거나 공통점이 있는 경우 공감대가 쉽게 형성되며 일종의 유대관계가 이루어진다. 따뜻한 공감과 감정을 교류하여 상호 간에 신뢰를 준다.

라포는 몸짓, 동작, 눈맞춤, 언어 등을 통해 형성되며 이러한 표현법을 통하여 강력한 유대감과 긴밀감을 느끼게 한다.

기업의 경우에는 고객과의 라포형성을 통해 상호 간에 긴밀감을 느끼게 하고 고객 스스로가 기업의 특별한 존재라고 생각한다. 고객의 속도와 방향을 맞추어 친숙함을 보여주는 라포형성을 통해 기업의 이미지도 향상된다. 개인 역시 마찬가지이다. 속도와 방향을 맞추어 친숙함을 보여주는 것으로 상호 간의 가치관이 공유되고 이해와 공감을 통해 진정한 커뮤니케이션이 이루어진다.

(2) 올바른 라포형성 방법

사람들은 대인관계를 구축하기 위해서 대화를 통해 상대를 파악하고 상호 간의 공통점을 찾아 유대감을 형성한다. 자신과 비슷한 성향인 사람, 말이 잘 통하는 사람, 관심사가 비슷한 사람과의 관계는 발전 가능성이 높다. 연결되어 있는 공통분모가 있으면 친밀감이 생기기 마련이다. 다음과 같은 방법을 통하여 올바른 라포형성을 시작해보자.

❶ 밝은 표정으로 경청한다.

대화 도중 밝은 미소를 보이는 것은 분위기를 부드럽게 하며 상호 간의 윤활유 역할을 한다. 무표정하거나 인상을 쓰며 이야기를 듣는 것은 말하는 사람에게 불쾌감을 주며 말하는 내용을 듣고 싶지 않다는 표현이다. 내용에 맞는 감정표현을 얼굴표정으로 연출하여 대화의 집중력을 높인다. 상대의 행동을 읽고 적절한 반응을 보여준다.

❷ 공통의 관심사를 찾아 질문한다.

공통분모가 있다는 것은 상대방과의 교감형성에 큰 도움이 된다. 자신의 관심사와 연결되는 부분을 찾기 위해서는 다양한 주제로 대화하고 질문을 해야 한다. 취미, 날씨, 여행, 일상, 편안하게 대화할 수 있는 가벼운 대화로 시작하는 것이 좋다. 정치, 종교 등의 논쟁이 될 만한 주제는 피해야 한다. 또한 상대방은 대화를 원하지 않는데 과한 관심을 보이면 불안감과 불쾌감을 유발할 수 있기에 주의가 필요하다.

상대방 이야기에 공감하고 존중하며 공통의 일치성을 찾아 상대를 이해한다.

❸ 상대방 이름, 직함을 기억하며 대화 도중에 사용한다.

상대방의 이름이나 직함을 기억하며 대화 중간에 불러준다. 짧은 순간이지만 상대방을 기억한다는 것을 표현할 수 있는 방법이다. 이야기를 경청하고 이름을 불러주며 공감의 맞장구를 표현하는 것으로 공손함과 정중함을 느낀다.

❹ 대화 시 아이 콘택트로 집중해서 듣는 표현을 한다.

눈은 상대와 소통하는 연결통로이다. 미국이나 유럽에서는 상대와 대화를 하는 동안 시선을 마주치는 것을 예의 바르다고 생각할 만큼 눈을 마주치는 것을 통해 진실함과 공감대를 형성한다. 시선을 마주치는 아이 콘택트를 통해 상대의 집중력을 높여준다.

몸과 시선의 방향은 상대방을 향해야 하며 맞장구의 고개 끄덕임으로 표현력을 높여주면 공감의 표현이 극대화된다.

❺ 상대 입장에서 생각하며 감정이입을 한다.

상대방 이야기를 집중해서 듣고 상황과 마음의 이해를 표현하는 동조의 반응을 보이는 것만으로도 친밀감을 형성할 수 있다. 어떤 현상이나 사건을 접했을 때 마음에서 일어나는 느낌이나 기분을 말하는 감정을 통해 공감능력을 표현하는 것 역시 라포형성의 중요한 요소이다.

❻ 라포의 언어 사용하기

첫 만남일 경우 상호 간 알지 못하기에 서로를 더 잘 알고 믿음과 신뢰를 주기 위해 노력한다. 비슷한 성향이라면 서로 호감을 느껴 라포형성이 쉽게 이루어진다. 성향은 반대이지만 상대를 이해하려 노력하기 위해서는 언어적 라포를 형성하는 방법이 있다.

상대방 이야기를 주의 깊게 들으면 습관적으로 사용하는 단어나 말투, 음조변화를 느낄 수 있다. 상대와 비슷한 언어습관을 사용하면서 이야기하면 자신과 비슷하다고 생각하여 원활한 언어적 라포형성이 가능하다.

(3) 미러링 효과

미러링 효과는 상대방의 행동이나 말을 은연중에 따라하는 동조효과, 거울효과이다. 대화를 집중해서 듣고 상대가 하는 단어나 문장을 같거나 유사하게 구사한다. 상대가 부드럽고 낮은 목소리로 이야기한다면 비슷한 목소리톤과 속도를 맞추는 것으로 일치감, 동질감을 느끼게 해준다.

대면의 어색함을 느끼거나 커뮤니케이션 표현이 서툴다면 자세나 몸짓으로 동질감을 표현한다. 행동이나 제스처를 따라하는 것도 긍정의 이미지로 보인다. 다만 지속적으로 똑같은 행동과 말을 따라하는 것은 오히려 불쾌감을 느낄 수 있게 한다. 미러링 효과는 상대의 마음을 열게 하고 편안함을 느낄 수 있는 라포형성 방법이다.

(4) 상황별 공감표현

상대방 입장에서 생각하면 처한 상황들이 다르게 보인다. 커뮤니케이션은 역지사지를 생각하며 말을 주고 받는 것이 필요하다. 단순히 나의 입장만이 아닌 상대 입장에서 감정을 느끼고 공감하는 것이다. 대인관계에서 부드러운 관계를 형성하기 위해서는 마음을 움직이는 표현법이 필요하다.

■ 바람직한 표현

A : 프로젝트 너무 힘들었는데 좋은 결과가 나와서 기분이 너무 좋아.

B : 우와! 그동안 밤낮 쉴 틈 없이 열심히 준비했잖아. 너무 축하해.

A : 머리통증이 너무 심해서 어지럽기까지 하더라구요.

B : 머리통증이 심한데다 어지러움까지 있다는 말씀이시죠?

A : 한여름이라 할 만큼 너무 더운 날씨네요.

B : 맞아요. 저도 나가보니 너무 더워서 벌써 여름이 왔나 싶더라구요.

바람직한 표현법에서는 상대방이 말한 내용을 반복하거나 요약하여 다시 말하는 방법인 백트래킹으로 대화를 하고 있다. 이는 자신의 이야기에 대하여 공감 한다고 느낄 수 있으며 신뢰감과 믿음을 심어주는 표현법이다.

■ 바람직하지 않은 표현

A : 프로젝트 너무 힘들었는데 좋은 결과가 나와서 기분이 너무 좋아.

B : 응 잘됐네.

A : 근처에 샌드위치 가게 가보셨어요? 너무 맛있더라구요.

B : 안 가봤어요.

고객 : 드라이 해주세요. 오늘 오랜만에 데이트 있거든요.

직원 : 네.

위의 바람직하지 않은 대화법의 예시를 살펴보면 B는 상대방 이야기를 진정성 있게 듣지 않는 것으로 느껴지며 배려가 없고 무성의한 표현으로 이야기를 하고 있다.

대화가 연결되는 것이 아니라 이야기의 흐름이 끊기면서 더 이상의 대화를 미리 차단하는 모습의 대화법이다.

4 경청하기

1) 경청의 중요성

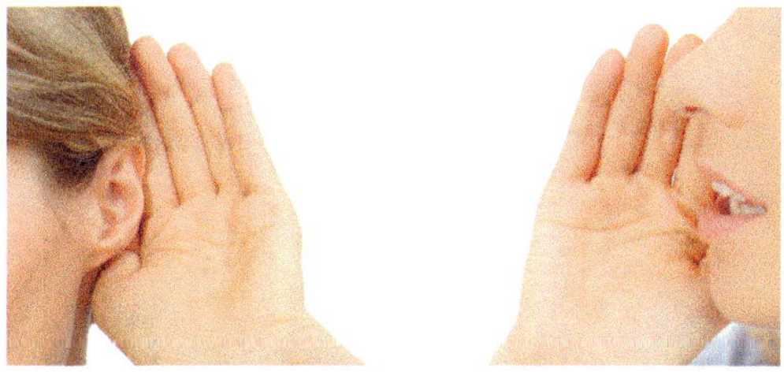

요즘은 개인 역량 중 소통의 기술이 포함될 만큼 자신만의 커뮤니케이션 기술력을 최대한 발휘해야 한다. 커뮤니케이션은 아무리 뛰어난 지식이 있다 하더라도 상호 전달이 되지 않으면 무의미하다. 자기 말만 옳다고 믿는 사람은 제대로 된 상호 커뮤니케이션을 할 수 없다. 말하는 것보다 중요한 것이 상대방의 이야기에 집중해서 잘 듣는 것이며 이는 상당한 인내력을 요구한다.

경청의 사전적 의미는 귀 기울여 듣는 것이다. 하지만 커뮤니케이션에 있어 진정한 경청은 상대의 말을 오로지 듣기만 하는 것이 아니라, 상대방이 전달하고자 하는 말의 내용과 내면의 이야기에 귀 기울여 듣고 이해하는 것이다. 커뮤니케이션의 중요한 기법은 제대로 이해하고 잘 듣는 경청이다. 적극적으로 경청하는 것 하나만으로도 더 많은 정보를 얻을 수 있다. 상대를 배려하며 듣는 경청은 사람들과의 유대관계를 돈독하고 끈끈하게 한다.

(1) 경청의 기법

인간관계 처세 전문가인 데일 카네기의 성공하는 화술 '1.2.3 법칙'이다.

한 번 자신의 이야기를 하고
두 번 상대의 말을 경청하고
세 번 상대의 말에 맞장구친다.

자신의 이야기보다 상대의 말에 귀 기울이며 더 많은 이야기를 하게 함으로 다양한 정보를 얻게 된다. 경청의 기법은 상대가 이야기하는 것을 듣고 적극적인 귀 기울임으로 제대로 이해하며 듣는 것이다. 여기에 리액션을 통한 감정전달까지 표현하면 완벽한 커뮤니케이션이 이루어진다.

말하기-듣기-리액션의 순서로 이야기하면 대화의 질이 한층 더 부드러워진다.

하지만 제대로 된 경청을 하지 않으면 말의 오류가 생기기 마련이다. 말하는 소리에만 집중하는 것이 아니라 진심으로 이야기를 귀담아 경청하고 상대의 말을 집중해서 듣는 것만으로도 폭넓은 관계 형성과 진정한 상호 커뮤니케이션이 이루어진다.

상대방 이야기에 집중
Eye contact
공감의 맞장구 표현
적절한 질문
백트래킹 표현
내용 요약

효과적인 경청방법

(2) 경청의 유형

❶ 공감적 경청

듣는 과정에 있어 반응하는 방법에 따라 경청의 유형이 다르다. 적극적인 경청은 상대의 감정과 경험을 비슷한 수준으로 이해하고 관심을 가지고 경청하는 것이다. 언어, 비언어, 감정과 상황을 이해하고 피드백을 전달한다. 상대 의견에 동의하고 적극적인 질문으로 공감을 표현한다.

대화에 플러스를 더하면 공감이 표현된다. 상대방의 말과 행동을 통해 감정을 이해하고 맞장구와 상황별 공감표현법으로 경청과 피드백을 하는 것이 효과적이다.

❷ 소극적 경청

이야기에 집중하지 않고 듣는 척만 하고 다른 생각을 하는 것이다. 이야기의 핵심내용과는 다르게 피드백만 전하거나 공감되지 않는 이야기로 대화를 이어간다면 오해가 생기기 쉽다.

대화에서 소극적 경청을 할 경우 대화의 오류는 분명히 발생한다. 잘못된 경청으로 자신의 이미지를 부정적으로 평가 받기 쉽다.

❸ 선택적 경청

칵테일 파티 효과와 같다. 칵테일 파티처럼 많은 사람들의 목소리와 잡음이 있너라도 관심있는 부분에 대한 이야기가 나오면 선택적으로 듣는 현상을 말한다. 이런 경우에는 이야기의 일부만 수용하고 기억하게 된다. 해답을 원하는 사람이라면 열거된 내용보다 핵심 내용만을 선택적으로 듣게 된다.

비대면일 경우 메일, 문자를 전송할 때 상단 부분에 핵심문구 또는 상대방이 관심있어 할 만한 단어를 작성해 전하는 것도 좋은 방법이다. 공감할 수 있는 단어나 문장을 이야기하여 집중도를 높여준다.

❹ 오해의 경청

일방적인 관점으로 해석하고 판단하여 오해와 오류가 생길 수 있는 위험한 경청이다. 자신의 생각이 옳다고만 믿고 피드백을 한다면 신뢰의 문세가 발생하고 커뮤니케이션에 왜곡이 발생한다. 제대로 된 경청과 복창을 통하여 오해가 발생되지 않는 커뮤니케이션이 이루어져야 한다.

2) 경청의 태도

(1) 바람직한 경청 태도

❶ 나와 다르다는 생각의 편견을 가지지 않는다.

- 선입견을 가지면 선택적 듣기로 경청하게 된다. 듣고 싶은 것만 듣게 되고 다른 사람의 이야기는 잘못된 것으로만 판단한다. '다르다'가 아니가 '틀리다'로 해석하고 듣게 된다.

❷ 나의 말은 줄이고 상대가 전하려는 메시지를 파악한다.

- 상대가 진정으로 원하는 내용이 무엇인지를 이해하기 위해서는 완전한 경청의 방법으로 주의를 기울인다. 집중해서 듣는 것은 상대에 대한 세부적인 정보를 파악하는 것이다.

❸ 상대 입장에서 듣는다.

- 상대가 느끼는 것을 이해하려 한다. 역지사지 마음으로 경청하면 메시지 수신에 대한 오류가 생기지 않는다.

❹ 정확한 내용을 이해하기 위해 질문을 한다.

- 상황과 이야기의 맥락을 잘 파악하는지를 알 수 있으며 피드백을 위한 정보를 수집하기 위한 노력이다.

❺ 고개를 끄덕이며 동의하고 있음을 표현한다.

- 비언어 커뮤니케이션을 통해 관심과 동조의 의미로 공감표현을 한다. 공감의 표현으로 고객를 끄덕이고 맞장구를 함께하며 이야기를 듣는다.

❻ 시선을 마주치며 듣는다.

- 눈을 마주친다는 것은 상대방 이야기에 집중하고 관심을 가지는 의미로 표현된다.

❼ 상체를 살짝 앞으로 기울여 적극적으로 듣고 있는 것을 표현한다.

- 이야기에 관심을 가지고 깊이 있게 몰입하여 경청한다는 의미이다.

❽ 내용을 이해하고 정리하기 위해 복창을 한다.

- 피드백을 해야 할 경우 정확한 내용 파악과 정리를 위해 다시 한번 복창한다.

(2) 바람직하지 않은 경청 태도

❶ 상대의 말허리를 자른다.

- 말하기를 좋아하는 사람들은 상대의 말에는 관심이 없다. 말허리는 말하고 있는 말의 중간을 이야기한다. 이러한 말허리 자르는 행동은 하면 안 된다. 중간에 끼어들고 간섭하는 말은 예의에 어긋난다. 대화에서는 1.2.3법칙과 같이 상대방의 이야기를 충분히 들어주는 것이 중요하다.

❷ 논리적 비판이나 트집을 잡으며 피드백한다.

- 상대의 감정보다 논리를 내세워 이야기하는 것은 현재의 감정을 통제하려는 의미이며 문제를 일으킬 수 있는 태도이다. 자신만의 틀 속에서 모든 것을 판단하며 자신의 주장이 옳음을 내세우는 자기 중심적 표현이다.

❸ 시선을 마주치치 않고 다른 곳을 보며 이야기 듣는다.

- 눈을 마주보는 것은 상대방과의 교감을 뜻한다. 원활한 대화를 위한 통로 역할을 하는 것이 아이 콘택트이다. 시선을 마주치지 않는다는 것은 자신감이 없거나 진실하지 않다는 표현으로 보여진다. 대화에 있어 아이 콘택트는 소통과 단절의 중심 역할을 하는 커뮤니케이션 요소이다.

❹ 휴대폰을 사용하며 듣는다.

- 아이 콘택트로 상호 간의 소통이 이루어진다. 휴대폰을 사용하며 이야기 듣는 행동은 무료하거나 상대방 이야기에 흥미와 관심이 없다는 것으로 보인다.

❺ 팔짱 끼고 불필요한 손동작을 하며 듣는다.

- 거만하고 방어적인 태도로 보이며 주위산만한 행동으로 상대방 이야기에 집중도를 떨어뜨린다.

❻ 주위를 두리번거리며 듣는다.

- 불안하고 두려워 보이며 시선회피로 상황을 모면하고 싶어 할 뿐 아니라 자신감 없는 행동으로 보여진다.

Check

1. 평상시 자신의 커뮤니케이션 방법을 작성해보자. (말하는 법/듣는법)

2. 자신과 커뮤니케이션이 잘 안 되는 사람들의 특징을 작성해보자.

ImageBranding

Chapter 5

마음을 움직이는 대화법

1. 효과적인 대화법

2. 긍정의 맞장구 표현

1 효과적인 대화법

1) 대화법의 종류

칭찬은 상대의 좋은 점, 착하고 잘한 점을 높이 평가하여 긍정적으로 말하는 것이다. 우리는 누군가에게 칭찬받고 인정받기를 원하는 욕구가 있다. 사회적 동물인 인간은 속한 사회 또는 조직 내에서 자신의 가치를 인정받기를 원한다. 인정받는다는 것은 곧 필요로 하는 사람임을 증명하는 것과 동시에 자신의 가치를 입증하는 것과도 같기 때문이다.

누군가에게 긍정의 말 한마디를 하게 된다면 친근감과 호감의 이미지를 줄 수 있으며 강한 자신감을 보여줄 수 있다. 할 수 있다는 칭찬의 한 마디로 일에 대해 가능성을 찾게 해준다. 자신감을 가지게 되어 긍정과 믿음의 효과를 주는 것이 칭찬이다. 눈에 보이는 얕은 칭찬과 남발하는 칭찬은 오히려 신뢰감이 떨어진다. 사실과 다른 칭찬이나 결점을 들추어 말하면 오히려 인간관계를 끊어지게 할 수 있기에 유의해야 한다.

(1) 칭찬 화법

칭찬은 구체화해야 한다. 무엇으로 칭찬하는지를 명확히 하는 것이 좋다. 같은 말도 뉘앙스가 다르거나 모호한 표현이라면 의미 파악이 어려울 수 있다. 추상적인 칭찬보다 구체화된 칭찬의 내용으로 잠재력을 일깨워 줄 수 있다.

칭찬하는 것이 어렵거나 어떤 점을 말해야 할지 모르겠다면 외모, 인성, 액세서리 등 상대와 연관된 것을 이야기하면 효과적이다. 관심을 가지고 눈에 보이는 사소한 것부터 이야기를 시작해본다.

[예시]

'얼굴이 좋아 보이네요.'
→ '오늘따라 피부톤이 밝아 보이네요.'
→ '오늘 입은 의상 컬러와 디자인이 너무 잘 어울려요, 피부톤이 한층 더 밝아 보이는걸요.'

❶ 칭찬의 효과

- 자신감을 가진다.
- 긍정적인 사고방식을 가진다.
- 대인관계를 긍정적으로 만들어 준다.
- 스스로의 행동 변화를 가져온다.
- 조직의 분위기를 밝게 만들어 준다.

❷ 칭찬의 기술

- 우물쭈물하지 말고 바로 칭찬하자.

머뭇거리며 생각하듯 말하는 칭찬은 진실성이 없어 보인다. 칭찬요소를 억지로 찾기보다 그 순간을 파악하고 이야기하자. 늘 긍정적으로 대상과 사물을 바라보며 진심을 다하여 보는 습관에서 비롯된다.

- 무조건적인 칭찬은 피하자.

어떠한 상황, 내용에 상관없이 무조건적으로 칭찬을 남발한다면 신뢰와 믿음이 깨져버린다.

[예시]

A : 저한테 이 보라색이 잘 어울리나요? 파란색이 잘 어울리나요?
B : 어쩜, 둘 다 잘 어울려요.
A : 그럼 이 검정색은 어떤가요?
B : 어머, 그 색상도 너무 잘 어울려요.

A의 입장이라면 어떤 컬러의 옷을 구입할 것인가. 어느 것도 선택하기 어렵다. 다 옳고 좋다는 말은 오히려 부정적 이미지, 거짓의 이야기로 느껴진다. 제3자의 관점에서 어울리는 컬러를 선택해주고 그 이유도 함께 덧붙여주는 것과 상대의 의향도 물어보는 커뮤니케이션이 효과적이다.

- 상대를 칭찬할 때 다른 사람을 폄하하지 않는다.

사람에 대한 비판이나 경쟁 기업의 명성을 떨어뜨리는 것은 마이너스 이미지를 보여준다. 오히려 자신을 부정적이고 공격적인 이미지로 만드는 행동이다. 상대를 존중하는 마음을 가지는 것이 중요하다.

[예시]

'같이 오신 고객님 체형에는 절대 어울리지 않아요. 이건 고객님한테 잘 어울리는 스타일이에요.'
'00회사 제품은 품질면에서 완전 바닥이죠. 그 제품을 요즘 사용하는 사람이 있을까요?'

(2) 긍정 화법

긍정적인 내용으로 이야기하는 표현법이다. 긍정과 부정의 이야기를 동시에 전한다면 가급적 긍정적인 내용을 서두에 시작한다. 부정표현을 먼저 사용할 경우 상대의 기분을 상하게 하고 불쾌감을 느끼게 한다. 커뮤니케이션 전달과정에서 상대가 거부감을 느끼지 않게 하는 것이 중요하다.

[예시]

'물건 함부로 만지시면 안 됩니다.'
→ '죄송합니다만, 진열 물건 외 샘플을 보여드려도 될까요. 직접 테스트도 가능합니다.'

'지금은 상담 안 됩니다.'
→ '죄송합니다만, 지금은 상담시간이 지나 상담이 어렵습니다. 내일 오전 10시에 연락주시면 신속하게 상담해 드리겠습니다.'

(3) 아론슨 화법

긍정 화법과는 반대의미이다. 부정의 내용을 먼저 이야기하고 긍정의 이야기로 마무리하는 방법이다. 긍정의 메시지에 집중시키는 표현법으로 상대를 설득할 때 효과적이다. 계속되는 칭찬과 긍정의 표현보다 부정의 피드백을 먼저 전하면 말의 내용에 대한 신뢰가 생긴다.

주의해야 할 것은 부정의 이야기를 지속적으로 활용하면 오히려 단점이 부각되기에 대화의 맥락을 잘 파악해서 활용해야 한다.

[예시]

고객 : 제품 너무 비싸네요.
직원 : 말씀하신 대로 가격은 비싸지만 품질면에서 많은 분들이 만족하셔서 추가 생산된 제품입니다.

(4) 신뢰 화법

상대에게 신뢰감을 주는 표현방법이다. '~다, ~나, ~까' 체를 사용하여 정중하고 공손한 이미지를 주는 화법이다. 잦은 '다나까' 체는 과단성 있게 느껴지며 잦은 '요조체'는 전문성이 결여되어 보인다.

[예시]

뭐라고 하셨어요? → 다시 한번 말씀해 주시겠습니까?
00씨 피부톤에는 레드컬러를 사용하세요. → 000씨 피부톤에는 레드컬러가 잘 어울립니다.

2) 나 전달화법(I message) & 너 전달화법(You message)

(1) 나 전달화법(I message)

대화의 주어를 '나'에 맞추어 표현하는 방법이다. 상대에게 자신의 감정과 생각을 전하는 것으로 의사표현을 충분히 한다. 예를 들어 상대가 말한 부분에 '나는 기분이 안 좋아', '나를 알아줬으면 좋겠어', '나는 이런 게 싫어'의 표현을 전하는 것이다. 상대방은 나의 기분을 충분히 알고 자신의 문제를 해결하려는 의지가 생긴다. 비난하지 않고 감정을 전할 수 있으며 상대와의 대화가 편안해진다.

[예시]

왜 항상 다그치듯 말을 해?
→ 나는 네가 항상 그런 말투로 이야기할 때마다 마음이 불편해져.

또 지각이야?
→ 나는 네가 매번 지각하니깐 지치고 힘들어져.

나 전달법의 3단계

- 1단계 : 행동에 대해 말하기
- 2단계 : 행동에 대한 결과 말하기
- 3단계 : 행동에 대한 나의 감정과 생각을 말하기

(2) 너 전달화법(You message)

'너 전달법'은 대화의 주어를 '너'에 맞추어 표현하는 방법이다. 상대방의 행동에 초점을 맞추어 그 행동에 대해 비난하고 평가하는 의사소통 방식이다. 남을 탓하며 비난과 공격의 느낌을 전하게 되는 표현법이다.

[예시]

너는 왜 그렇게 시끄러워. / 너 때문에 늦었잖아. / 넌 왜 그래?

격앙된 감정이 섞여 부정적으로 전달하는 방법이다. 변명하려 하고 반감의 태도를 보이게 되는 커뮤니케이션 화법이다.

2 긍정의 맞장구 표현

이야기에 관심을 보이며 귀기울여 듣고 공감을 통한 반응을 나타내는 표현 방법이다. 제대로 들어주는 경청, 상대방 말에 대한 공감, 내용에 대한 반복을 하는 것은 깊이 있게 이야기를 듣는 것이다. 여기에 맞장구과 공감을 더해 호감의 표현을 전할 수 있다. 맞장구 표현을 할 때는 이야기의 흐름이 끊기지 않게 해야 하며 맥락에 맞게 표현하는 것이 필요하다. 고개를 끄덕이거나 갸우뚱하는 몸짓으로도 맞장구 표현을 할 수 있다. 같은 표현을 자주 하게 되면 무성의한 대화로 느껴지기에 주의해야 한다.

(1) 맞장구 종류

❶ 공감의 맞장구

상대의 말에 대해 느끼는 감정을 공감하는 표현법이다.

맞아요. 그 마음 잘 알 것 같아요.
이해합니다.
우와~ 너무 재미있었을 것 같아요.

❷ 동의의 맞장구

적극적인 동감을 하는 표현법이다.

맞아요. 정말 그래요.
그렇죠. 옳으신 말씀입니다.
그랬을 것 같아요.
맞습니다.

❸ 흥을 돋우는 맞장구

상대의 말에 흥을 더해 즐겁고 신나게 이야기를 이어갈 수 있는 표현법이다. 흥미진진하게 이야기를 들으며 다음 상황에 대한 이야기를 유도하는 맞장구 방법이다.

어머, 그러셨어요? 그래서요?
그다음 상황은 어떻게 되었어요?
또 어떤 것이 있었어요?

❹ 정리하는(피드백) 맞장구

상대의 말을 재정리하며 요점을 확인하는 표현법이다.

이 부분이 중요한 것이죠?
그 말씀은 ~~ 한다는 것이죠?
그래서 ~~ 하면 되는 것이죠?

❺ 부정의 맞장구

상대와의 대화에서 의문과 부정적 태도로 듣는다면 대화가 단절될 수 있다. 단호함과 감정이 상할 수 있는 대화표현의 맞장구는 피해야 한다.

나도 잘 알죠.
그건 아니라.
그래서 어쩌라는 건가요?
그런데

(2) 맞장구 효과적인 방법

❶ 적절한 타이밍에 맞추어 맞장구를 한다.

무턱대고 맞장구를 하는 것이 아니라 적절한 타이밍에 맞추어 표현한다. 앞뒤 맥락과는 상관없이 터무니없는 표현을 하거나 상대의 감정을 이해하지 않은 채 부정적인 맞장구를 표현하는 것은 적절하지 못하다.

❷ 상대가 말하는 도중에는 맞장구를 하지 않는다.

너무 궁금한 나머지 성급하게 리액션할 수도 있겠지만 자칫 상대의 이야기를 건성으로 듣는 모습으로 비추어질 수 있다. 말이 끝나고 1초 뒤에 "그래서?", "우와, 대단하세요" 등의 맞장구에 해당한다.

❸ 긍정의 맞장구를 표현한다.

말이 끝날 때마다 리액션하는 것은 과한 표현으로 보일 수 있으며 상대에게 신뢰감을 줄 수 없다. 우울한 이야기를 하는데 "그렇군요", "정말요?"와 같은 감탄사를 하거나 웃는 행동을 보이는 것은 잘못된 커뮤니케이션 방법이다.

또한 매번 같은 표현을 하기보다 고개를 끄덕이며 동조의 표시를 하거나 상체를 앞으로 기울이는 제스처를 표현하는 것도 적절한 맞장구의 표현이다.

❹ 상대와 흐름을 맞춰 표현한다.

높은 톤의 목소리로 "우와!", "진짜?", "이야!", "어머나!" 등의 감탄사를 지속적으로 표현하면 반감이 들 수 있고 진실성이 없어 보인다. 과한 표현보다 상대의 흐름에 맞추는 표현법이 좋다. 효과적인 커뮤니케이션은 말의 핵심 내용을 파악하고 언어적, 비언어적 커뮤니케이션을 통하여 상호 이해를 위해 노력하는 과정이 중요하다.

Check

1. 스스로에게 칭찬 한마디를 해보자.

2. 주변 지인 중 커뮤니케이션 능력이 우수한 사람의 특징을 생각해보자.

Chapter 6

스킨케어

1. 피부의 특성
2. 클렌징&기초 화장품

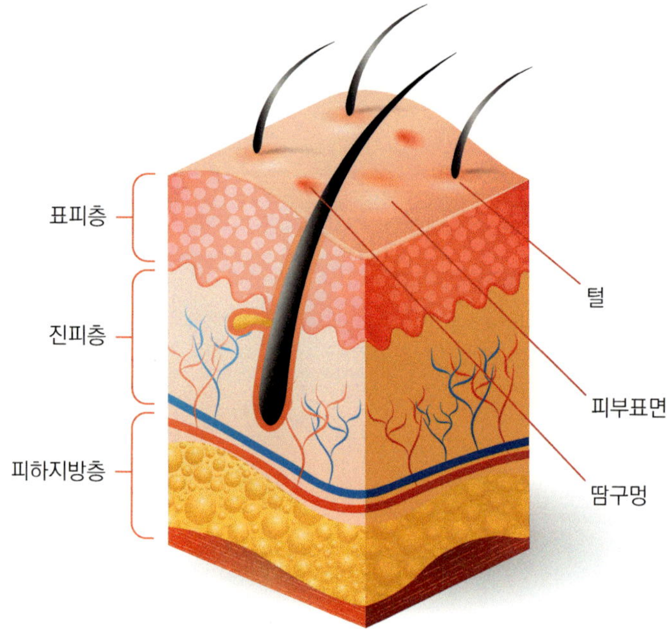

피부의 구조

1 피부의 특성

1) 피부의 구조

피부는 표피, 안쪽의 진피와 피하조직의 세 개의 층으로 이루어져 있으며, 표피와 진피 사이에 기저막이 존재한다. 외부로부터 내부기관들을 보호하고 기능 수행을 위해 몸의 안과 밖의 경계를 이룬다.

2) 피부의 기능

피부는 신체의 항상성(homeostasis) 유지에 필수적이며 인체를 보호하고 우리 몸의 신진대사에 영향을 주는 기능을 수행하고 그 외에도 다양한 기능을 가지고 있다.

체온 조절, 호흡 기능, 수분 손실 억제, 감각 수용기 함유, 분비 배설 기능, 영양소 저장, 형성 기능, 흡수 기능을 한다.

3) 피부의 유형

피부는 크게 중성, 건성, 지성 세 가지 유형으로 나누어진다.

중성 피부 관리법

피부 결이 곱고 유·수분 밸런스가 잘 맞춰진 가장 이상적인 피부로 수분 함량은 10~20%이다. 비교적 신체가 건강한 사람이 많다.
메이크업이 잘 받고 색조 메이크업의 발색이나 지속력이 좋으며 모공의 크기가 적당하다. 피부가 전체적으로 깨끗하고 맑은 유형이다.

관리 – 기본적인 세심한 관리가 필요하며 유·수분 균형 맞춘 제품의 사용과 트러블이 적은 타입이라 관리가 소홀할 수 있으니 현재 피부 유지관리가 중요하다.
수분이나 청결 팩을 위주로 관리하면 좋다.

건성 피부 관리법

피지 분비가 적어 건조하고 외부 자극을 잘 받으며 주름이 잘 생기는 피부이다. 각질층의 수분 함량은 10% 이하이며 유전적 영향과 노화의 영향이 있다.

관리 – 클렌징 크림이나 오일로 마사지 후 세안한다. 스킨케어 제품은 보습 막을 형성해 줄 수 있는 유·수분 균형감 있는 제품과 수분크림을 사용한다. 눈가는 주름이 더 잘 생기는 부위로 아이크림 제품을 꼭 사용하여야 한다.
에멀전과 에센스를 얼굴에 바르고 랩을 씌워 보습을 주고 림프 마사지와 팩을 자주하여 혈액 순환과 신진대사를 촉진시킨다,
부신 갑상선, 갱년기, 기능 저하, 비타민 A와 D 결핍, 수면부족, 정신적 피로 등과 관계있다.

지성 피부 관리법

피지 분비가 많아 피부 표피층이 기름져 보여 번들거리는 피부이다.
각질층의 수분 함량은 20%가량이고 피지로 인해 수분 손실이 적어 잔주름은 늦게 나타난다. 피지 분비가 왕성하여 뾰루지나 여드름이 잘 생겨 모공이 막히지 않게 클렌징하는 것이 중요하다.

관리 - 스팀타월을 이용하여 모공이 열린 상태에서 깨끗하게 세안해야 한다.
클렌징 로션, 크림을 사용한 후 클렌징 폼으로 손바닥에 거품을 충분히 내어 철저하게 이중 세안하는 게 중요하다. 찬물로 마무리하여 모공을 축소시킨다.
수분이 부족하면 피지가 더욱 많이 생성되므로 수분관리에 신경을 써야 한다.
스크럽 팩이나 스팀타월 사용을 주 1~2회 하면 좋다.
에멀전과 에센스를 얼굴에 바르고 랩을 씌워 보습을 주고 림프 마사지와 팩을 자주하여 혈액 순환과 신진대사를 촉진시킨다,
부신 갑상선, 갱년기, 기능 저하, 비타민 A와 D 결핍, 수면부족, 정신적 피로 등과 관계있다.

복합성 피부 관리법

피지 분비가 불규칙적이며 두 가지 이상의 피부 특징을 가진 피부이다.
예를 들어 T존 부위인 이마와 코 부분이 모공이 넓고 피지 분비량이 많아 번들거리는 지성 피부인 반면 U존 부위는 모공도 작고 수분함량이 10% 이하여서 당김이 있는 건성피부를 가지는 두 가지 이상의 복합성 피부의 특징이다.

관리 - T존 부위에는 피지제거를 위한 이중세안과 팩 관리로 피지 분비를 조절하여야 한다.
U존 부위에는 에센스와 에멀전, 수분팩으로 보습 관리한다.

민감성 피부 관리법

피부 조직이 얇고 섬세해서 환경이 달라지거나 물리적 자극이나 물질에 민감하게 반응하는 피부이다. 외부 자극에 약해 쉽게 거칠어지고 주름, 여드름, 알레르기, 두드러기 같은 반응들이 생기기 쉽다.

관리 - 유해 성분이 없는 민감성 전용 제품으로 피부 장벽 강화에 도움을 주는 제품을 사용하며 미온수에 자극이 가지 않게 세안하고 거친 각질 제거나 팩, 딥 클렌징은 최소화하고 전용 팩으로 관리한다.

여드름 피부 관리법

여드름은 사춘기 피지 분비 증가로 생기는 비염증성, 염증성 질환이다.
주로 사춘기에 나타나지만 25살 이후, 20대 후반에 나타나는 여드름을 성인 여드름이라 한다.
정확한 원인은 밝혀지지 않았지만 피지 분비 증가, 유전, 환경, 맞지 않는 화장품, 자극, 스트레스 등이 여드름을 유발하거나 악화시킨다.

관리 - 스트레스를 최소화하고 피부 자극을 줄이고 햇빛 노출도 최소화하는 것이 좋다.
진정, 살균 작용하는 여드름 전용 팩을 사용하여 피지 조절을 하고 여드름 전용 제품으로 모공 브러시 등의 자극이 되지 않는 도구를 이용하여 모공 관리를 하는 것이 좋다.

2 클렌징&기초 화장품

1) 클렌징 화장품의 종류와 사용법

(1) 포인트 메이크업 리무버

눈과 입술 화장을 지워주는 전용 리무버로 눈물과 비슷한 pH7.4 농도로 눈에 들어가더라도 자극 없이 색조화장을 깨끗하게 지울 수 있다.

화장솜과 면봉을 이용하고 눈 주변에 잔여물이 남지 않도록 세심하게 지워야 한다.

(2) 클렌징 로션

수중 유형 O/W(Oil in Water)로 친수성을 띄며 유분보다는 수분 함량이 많은 클렌징 제품이다. 옅은 화장을 지우거나 피부에 자극이 없어 모든 피부에 사용 가능하다.

(3) 클렌징 오일

완전한 오일 형태로 된 클렌징제이며 물과 친화력이 좋은 친수성 오일이다. 건성, 민감성, 노화 피부에도 사용 가능하다.

(4) 클렌징 젤

수성 타입 - 옅은 화장 지울 때

유성 타입 - 피지 분비가 많고 진한 메이크업

지성 피부, 예민한 알레르기 피부, 민감 피부에도 사용 가능하다.

물에 쉽게 잘 지워지나 클렌징 효과는 약한 편이다.

(5) 클렌징 워터

시원하고 산뜻한 느낌의 화장수 타입으로 가벼운 화장을 지우는 데 효과적이다.

민감성 피부나 건성피부를 제외한 모든 피부에 사용 가능하다.

(6) 폼 클렌징

부드러운 크림 형태로 보습제가 함유되어 있는 거품을 내어 사용하는 클렌징 제품이다.

피부 자극 없이 깨끗하게 클렌징되면서 사용한 뒤에도 보습이 되는 느낌을 받을 수 있다.

(7) 클렌징 티슈

티슈처럼 한 장씩 뽑아 쓰며 가벼운 화장을 지우거나 고칠 때 사용한다.

진한 화장을 자주 하는 사용하는 사람에게도 유용하며 화장을 고치거나 지울 때 신속하게 지울 수 있어 간편하다.

2) 기초 화장품의 종류와 사용법

(1) 스킨

피부의 pH를 맞추어주는 역할을 하며 세안 이후 피부결을 정돈하고 다른 보습 제품들이 잘 흡수되도록 하는 단계이다. 세안 이후 일시적으로 알칼리성 피부를 약산성으로 만들어주고 세균 번식을 막아주도록 피부를 정리해준다.

지성 피부 - 피지 분비가 많으므로 알코올이 함유된 수렴 화장수를 사용하여 피지 분비 억제와 수렴 작용을 하도록 한다.

건성 피부 - 알코올이 함유되어 있지 않은 유연 화장수를 사용하여 보습을 주어 피부를 유연하게 만들어준다.

복합성 피부 - 피부 타입에 따라 지성, 건성, 중성 피부에 맞게 화장품을 선택해 사용한다.

(2) 아이크림

눈 주변은 피지가 거의 없어서 피부조직이 얇고 예민해서 주름이 잘 생길 수 있다.

20대 초반부터는 눈가 노화 관리를 하는 것이 좋으며 얇은 조직이라 자극이 되지 않는 선에서 부드럽게 두드리듯 마사지해주며 관리한다.

(3) 에센스

고농축 제품으로 피부 보습과 영양을 공급하고 건조함으로부터 보호 개념의 액상용 보습 화장품이라 할 수 있다. 에센스는 혈액 중 영양 성분이 많은 혈청을 의미하는 "세럼"이라고도 하며 그만큼 영양 성분이 많은 제품이다.

에센스는 활성 성분을 고농축한 것으로 성분으로는 콜라겐, 비타민, 코엔자임, 히알루론산 등이 주된 기능으로 구성되어 있으며 피부가 노화되지 않도록 활성 성분들이 보조제 역할을 하면서 피부 노화를 지연시킨다. 활성 성분은 입자가 작아 흡수가 빠르고 세포 재생에도 도움을 준다. 얼굴 각 부위에 적당량을 덜어 피부 결을 따라 얼굴 중심에서 바깥쪽으로 부드럽게 펴 바르면서 두드려 흡수시켜준다.

■ 대표적인 에센스 종류

• 화이트닝 에센스

멜라닌 생성 억제, 표피층 확산 억제

주요성분 : 비타민 C , 코직애씨드, 알부틴, 닥나무추출물, 멜버린 등

• 안티에이징 에센스

노화방지 에센스, 콜라겐 합성, 세포 활성화

주요성분 : 비타민 C, 비타민 A, 비타민 E, 히알루론산, 펩타이드, 코엔자임 Q10, 징코빌로바 등

• 수분 공급 에센스

수분 공급, 피부 보호막 생성

주요성분 : 히알루론산, 세라마이드, 시어버터, 호호바오일, 미네랄오일, 페트롤라툼(바세린), Sodium PCA, 스쿠알란 등

• 피지 정상화 에센스

피지 분비 억제, 염증 완화, 피부 결점 생성 방지

주요성분: 사포닌, 실리카, 위치하젤, 살리실릭애씨드, 유황 등

• 민감성 에센스

민감한 피부 진정

주요성분 : 리코라이스(감초), 린덴, 라벤더오일, 징코빌로바, 센텔라아시아티카, 카렌듈라, 알로에베라, 캐모마일, 알란토인 등

• 부스터 에센스

수분, 비타민 공급, 진정, 다음 에센스 단계 흡수 높여줌

주요성분 : 인삼, 비타민 C, 캐모마일, 린덴 등

(4) 로션

밀크로션 혹은 유화 에멀전이라고도 하며 아이크림이나 에센스 사용 후 수분막 형성과 유·수분 밸러스를 맞추기 위해 로션을 사용한다. 로션의 수분 함량은 60~70% 정도로 산뜻한 제형이 대부분이며 가볍고 산뜻한 제형의 O/W 제형, 보습효과가 좋은 W/O 제형, 발림성이 좋은 W/S(Water in Silicon) 제형도 있다. 피부에 따라 유·수분 양이 달라 피부에 따라 선택해서 사용할 수 있다. 피지량이 많은 피부형은 번들거림이나 화장이 밀리지 않도록 로션으로 마무리하는 경우도 있다. 그리고 여름철에 가볍게 마지막 단계에 사용하기도 한다.

(5) 크림

크림 전 단계 발랐던 화장품들의 성분이 증발되지 않도록 인공 피지막 역할을 하고 피부를 보호, 고수분 유지, 노화를 지연시켜준다. 크림은 데이 크림, 나이트 크림으로 나누어져 있다.

데이크림 - 낮에 바르는 크림으로 자외선 차단 기능이 소량 포함되어 있는 것도 있다.

나이트 크림 - 밤에 바르는 크림으로 낮에 바르는 크림보다 보습과 세포 활성화에 도움을 주는 크림이다.

(6) 자외선 차단제

메이크업 전 단계 마지막 바르는 제품으로 "자외선으로부터 피부를 보호하는 데 도움을 주는 화장품"이라고 화장품법에 정의되어 있다.

피부노화는 바람, 습도, 온도에 따라 노화되기도 하지만 자외선이 피부에 가장 많은 영향을 준다. 자외선에 대해 알고 햇빛에 노출을 줄이고 촉촉한 보습 상태와 외부환경이 건조하지 않게 하는 것이 노화 예방에 좋으며 자외선 차단제를 사계절 다 발라주어야 한다.

자외선 차단제도 피부 타입에 맞게 선택하고 여름철 땀을 많이 흘리거나 물놀이 할 때 워터프루프(water-proof) 자외선 차단제를 선택해서 사용한다.

UVA와 UVB

자외선은 파장의 길이에 따라서 UVA, UVB, UVC로 나누어진다.
UVA는 피부를 노화시키고 진피층까지 영향을 주는 자외선이다. UVA는 365일 날씨와 상관없이 일 년 내내 진피층까지 침투한다. 화상을 입을 정도는 아니지만 콜라겐과 엘라스틴을 파괴하고 주름, 피부 두께가 얇아지는 상태로 변하게 된다. 실내에 있을 때에도 유리창을 통해 침투하여 눈에 보이지 않게 노화시키는 광노화의 원인이 된다. UVA는 표피 기저층을 자극하여 서서히 멜라닌 색소세포가 증가하고 우리가 알고 있는 그을리는 상태 즉 "태닝"으로 멜라닌이 침착되는 태닝선, 노화선이라고도 한다.
UVB는 피부의 표피층까지 침투하여 화상을 입히는 자외선으로 강한 자외선 노출로 인해 눈가나 뺨에 기미로 흔적이 남기도 하고 수포가 생기고 피부의 꺼풀이 벗겨져서 심각성에 따라 상처가 남기도 한다. 4월~8월, 10시~2시가 가장 강한 시간대여서 조심하는 것이 좋다.
UVC는 오존층에서 흡수하므로 피부에는 나쁜 영향을 주지는 않는다.

자외선 차단 지수

자외선 차단지수 SPF는 "Sun protection" 약칭으로 자외선 UVB의 차단 효과를 표시하는 지수이다. 평상시에는 SPF15 정도면 적당하나 여름철이나 겨울철 스키장 같은 경우 SPF30 이상 되는 차단제를 수시로 발라주는 것이 효과적이다.

PA는 "Protection grade of UVA" 약칭이다. 자외선 UVA는 PA+,PA++,PA+++,PA++++ "+"가 많을수록 UVA 차단지수가 높다. UVA는 일 년 내내 비슷한 강도로 변화가 거의 없어 UVA, UVB 기능이 다 들어 있는 자외선 차단제를 사용한다.

자외선 차단지수

유형	차단 지수
짧은 외출	SPF 10~20, PA+
긴 외출	SPF 20~40, PA++
겨울철 스키장 또는 여름철 바닷가	SPF 40 이상, PA+++

자외선 차단제 종류

크림 타입

크림 타입으로 지속력이 좋고 강한 자외선에 효과적이다.

로션 타입

가볍게 사용할 수 있는 제형으로 실내에 있거나 짧은 시간 외출 등 일상적으로 사용하기 좋다.

스틱 타입

사용이 간편하며 차단하고 싶은 부분을 집중적으로 바를 수 있으나 잘 펴지지 않아 신경 써서 얼굴에 발라야 한다. 팔. 다리 등 간편하게 사용하기가 좋다.

젤 타입

얼굴에 바른 후 끈적임이 남긴 하나 지속력이 좋고 백탁 현상이 없다.

스프레이 타입

사용이 편리하나 분사하여 사용하여 공기 중으로 날아가는 양이 있어 차단 효과가 떨어진다.

다리나 팔 등 넓은 부위에 사용하기 좋다.

파우더 타입

번들거림이 없고 메이크업 후 수정할 때 편하게 사용할 수 있다.

ImageBranding

Chapter 7

메이크업 & 향수이미지

1. 메이크업

2. 향수 이미지

1 메이크업

1) 메이크업의 정의와 목적

메이크업(Make-up beauty)은 "제작하다(Make), 보완하다(Make up For)" 의미처럼 개인의 장단점을 수정·보완하여 신체의 아름다운 부분을 강조해서 외형을 보다 나은 모습으로 만든다는 뜻이다.

외형의 아름다움을 나타내는 미적 효과뿐만 아니라 사회적 효과로 신분, 직업, 사회적 관습을 표현하기도 한다. 또한 내적인 심리적 효과로도 가치관, 성향 등이 나타날 수도 있다. 메이크업은 인간은 누구나 아름다워지고 싶은 욕구가 있으며 외부환경으로부터 피부 보호뿐만이 아니라 심리적으로 자신감과 만족감을 올려주며 심리적인 안정과 치유의 목적이 있다.

2) 메이크업 화장품의 종류와 방법

(1) 베이스 메이크업

메이크업에서 베이스 단계로 피부 보호와 피부톤을 고르게 만들어 주는 보정 역할을 한다. 파운데이션의 피부 밀착감과 지속성을 좋게 한다. 메이크업 베이스는 피부톤이나 피부 타입에 따라 잘 선택해서 사용하여야 한다.

메이크업 베이스 색상

구분	내용
핑크	창백하고 혈색 없는 피부를 화사한 피부로 표현
그린	붉은 피부, 여드름 피부, 모세혈관 확장된 피부 붉은 기 완화

화이트	어둡고 명도가 떨어지는 피부의 칙칙함 개선
블루	붉은 톤이나 잡티가 많은 피부 보완
옐로	햇빛에 그을린 피부, 칙칙한 피부를 개선
퍼플	노란기가 도는 피부를 화사하게 표현
펄 베이스	윤기나는 피부 만들고 싶을 때

메이크업 베이스의 종류

구분	내용
로션 타입	사용감이 가볍고 수분 함량이 많은 제품으로 중성이나 지성에 효과가 있고 여름철에 효과적이다.
크림 타입	로션 타입에 비해 유분 함량이 많아 건성 피부에 효과적이고 베이스 효과가 뛰어나다.
펄 타입	피부에 윤기를 주어 피부에 입체감을 준다.

(2) 파운데이션

파운데이션은 피부색을 표현하는 중요한 요소이며 주근깨, 잡티, 기미를 커버해 주는 역할을 한다. 또한 자외선과 피부 건조, 공해, 먼지 외부로부터 피부를 보호하고 파운데이션 단계별 색상으로 입체적인 얼굴을 표현한다.

■ 파운데이션 종류

- 리퀴드 파운데이션

수분 함량이 많아 발림성이 우수하며 커버력과 지속력은 부족하나 내추럴한 자연스러운 메이크업을 할 때 효과적이다. 사용감은 촉촉하여 건성피부나 모든 피부에 사용 가능하나.

- 크림 파운데이션

유분 함량이 많아 리퀴드 파운데이션보다 점도가 높고 무거운 것이 특징이다. 커버력이 우수하여 잡티에 효과적이고 건성피부에 적합하다.

- 스틱 파운데이션

유·수분을 배합하여 고체화한 제형으로 리퀴드 파운데이션이나 크림 파운데이션에 비해 무겁게 표현되며 잡티 커버에 효과적이고 지속력이 우수하다. 커버력이 우수하여 잘못된 사용방법으로 두껍게 표현되는 단점이 있다. 주로 전문 아티스트 제품으로 공연 무대 분장에서 많이 쓰인다.

- 파우더 파운데이션

파운데이션과 파우더를 혼합하여 만든 제품으로 다른 제품에 비해 커버력이 떨어진다. 스피드한 메이크업에 많이 사용된다.

- 컨실러

피부의 잡티나 점이 있는 부분에 결점 커버로 사용되고 커버력이 우수하다. 컨실러 브러시를 이용하여 얼룩지지 않게 그러데이션이 잘 되도록 펴 발라 준다.

- 팬 케이크

물에 녹여 전용 스펀지로 사용하고 활용도는 높지는 않다. 지속력이나 방수성이 우수하여 조명을 받는 모델이나 배우에게 적합하다.

- 비비 크림

피부과 치료 후에 피부 보호와 재생의 목적으로 사용되었으나 잡티 커버와 피부톤 보정이 되어 연예인들의 '생얼 메이크업'을 시작으로 대중화되어 일반인들도 많이 사용한다.

■ 파운데이션 사용법

- 파운데이션 색상을 선택할 때 볼 밑 부분에 파운데이션을 묻혀 목의 색상과 경계가 지지 않도록 확인한 다음 색상을 선택한다.
- 파운데이션을 바를 때는 패딩(patting) 기법과 슬라이딩(sliding) 기법이 있다. 슬라이딩 기법으로 파운데이션을 펴 바르고 패딩 기법으로 두드려주어 반복적으로 두 기법을 사용하여 밀착감을 높여준다.
- 파운데이션을 바를 때에는 얼굴 안에서 바깥쪽으로 발라주고 눈가, 입가, 팔자주름, 페이스라인은 얇게 표현한다.
- 자연스러운 메이크업을 할 때에는 파운데이션 한 가지 색상으로만 바르고 입체적인 얼굴로 수정할 경우에는 하이라이트와 셰딩 컬러로 경계선이 지지 않게 입체감을 주는 메이크업을 한다.
- 잡티를 수정할 경우에는 커버할 부분에 한 번 더 파운데이션으로 덧발라 그러데이션하거나 컨실러 사용으로 수정해준다.
- 입체감 있게 파운데이션 하는 방법으로 베이스 컬러, 셰딩 컬러, 하이라이트 컬러로 나누어진다.

베이스 컬러	피부 컬러와 비슷한 파운데이션으로 얼굴 외각으로 갈수록 그러데이션 해서 사용하여 준다.
셰딩 컬러	베이스 컬러보다 1~2톤 어두운 톤으로 콧대를 세우며 코 옆, 턱 등은 작아보이거나 들어가 보이는 느낌으로 축소되어 보이게 된다.
하이라이트 컬러	베이스 컬러보다 1~2톤 밝은 톤으로 선택하여 T-zone, 눈 밑, 턱, 눈썹 뼈 등 돌출되어 보이거나 팽창되어 입체감을 줄 수 있다.

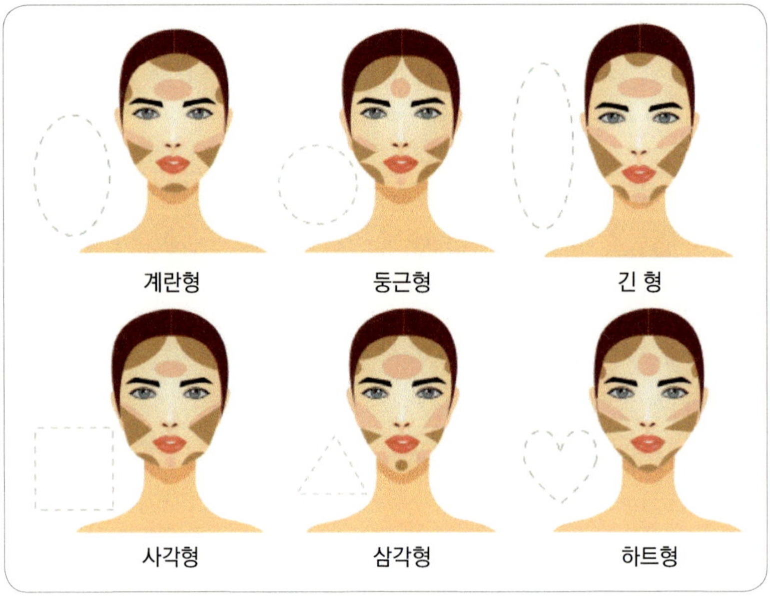

얼굴형 수정 파운데이션 메이크업

(3) 파우더

파운데이션의 유·수분을 제거하고 메이크업을 고정시켜 지속력을 높여준다. 색 선택은 파운데이션 색상과 동일한 색이나 조금 밝은색을 선택하는 것이 좋다.

■ 파우더 종류

- **투명 파우더**

파운데이션의 색상을 그대로 살려주며 자연스러운 피부 표현을 마무리해 준다.

- **핑크 파우더**

화사하게 혈색을 주고자 할 때 사용한다.

- **오렌지 파우더**

어두운 피부와 건강한 피부에도 잘 어울려 칙칙한 피부를 화사하게 만들어준다.

- 퍼플 파우더

노란 피부를 화사하게 만들어주며 화려한 분위기의 파티 메이크업 시에 주로 사용한다.

- 블루&그린 파우더

붉은 기를 중화하여 붉은 피부에 많이 사용된다.

- 브라운 파우더

셰딩용과 어두운 피부에 사용한다.

- 펄 파우더

화려한 메이크업에 어울리며 윤기나는 피부를 표현하고자 할 때 부분적으로 사용한다.

파우더의 형태

- 압축형 파우더

압축형 타입으로 휴대하기가 좋다. 분말형에 비해 두껍게 될 수 있으나 종류에 따라 다르게 표현된다.

- 분말형 파우더

가루 타입으로 가루가 날려 휴대하기는 불편하나 입자가 섬세해서 피부에 얇게 사용된다.

파우더 사용법

파우더는 퍼프에 묻혀 바를 수도 있고 파우더 브러시로 얼굴 전체를 가볍게 사용한다.

피부가 건조한 피부는 브러시를 이용해 파우더를 부분적으로 소량으로 도포하고 지성피부은 퍼프로 꼼꼼히 전체적으로 사용하여야 유분기를 잡아 지속력을 높일 수 있다.

(4) 아이브로

눈썹은 사람의 인상을 좌우하는 데 큰 역할을 한다. 눈썹 모양에 따라 아이 메이크업에도 많은 영향을 주고 섹시한 느낌, 귀여운 느낌, 강렬한 느낌 연출 의도에 따라 변화시킬 수 있다.

눈썹의 형태나 숱, 길이에 따라 잘 정리하여 색상도 머리색과 동일하게 하는 것이 가장 자연스러우나 무조건 머리색이랑 같은 색을 하라는 것이 아니다. 예를 들면 검정 머리라고 검은색을 하라는 것이 아니라 회색이나 회갈색을 사용할 수 있다. 본인과 가장 어울리는 색을 고르는 게 좋다.

■ 제품의 종류

- **펜슬 타입**: 초보자들도 쓰기 편하고 깎아 쓰는 펜슬과 오토 타입 펜슬이 있다. 부드럽게 그리기가 편한 장점이 있다.
- **젤(타투) 타입**: 쉽게 지워지지는 않지만 초보자들이 쓰기 힘들다. 흐린 눈썹에 발라서 굳으면 떼는 형태라 자칫 잘못하면 통증을 유발할 수 있고 며칠 유지되는 장점은 있다.
- **섀도 타입**: 펜슬 타입보다 더 자연스럽게 연출할 수 있다.
- **케이크 타입**: 지속성이 좋고 그릴 때 기술이 있어야 한다.
- **마스카라 타입**: 머리 색상과 동일하게 컬러 입히는 것에 용이하고 숱이 많은 사람은 정돈이 되고 풍성하게 표현된다.

■ 눈썹의 이미지

- **갈색**: 눈동자 색이나 머리카락 색상이 갈색인 사람들에게 잘 어울리며 부드러운 느낌이 든다.
- **회색**: 세련되고 자연스럽다.
- **흑색**: 머리카락 색상이 검정인 사람에게 어울리며 도시적이며 개성이 강한 느낌이다.
- **회갈색**: 가장 무난한 색으로 가장 많이 사용된다.

■ 아이브로 그리는 방법

구분	눈썹 그리는 방법
	1. 눈썹꼬리는 콧방울과 눈 끝 45도 각도를 이루는 지점에서 끝내고 앞머리보다 처지지 않게 그려준다.
	2. 콧방울에서 눈동자 바깥쪽 끝을 지나 직선으로 올려주었을 때 눈썹산이 된다.
	3. 눈썹 앞머리는 콧방울과 코끝 사이 경계선 부분으로 일직선을 잡아준다.
	4. 눈썹산은 전체 길이의 2/3 지점에 그려준다.
	Tip 눈썹 앞머리 색상은 자연스럽게 하고 꼬리로 갈수록 조금 더 진하게 그러데이션하면서 깔끔하게 표현한다. 눈썹 길이는 눈의 길이보다 길게 그려야 한다.

■ 눈썹 형태 이미지

- 표준형: 기본적인 눈썹

- 직선형: 긴 얼굴형에 어울리고 동안 얼굴형의 눈썹

- 각진형: 둥근 얼굴, 사각형 얼굴에 어울리고 세련된 느낌의 눈썹

- **처진형**: 귀엽고 선해 보이는 눈썹

- **아치형**: 온화하고 부드러운 이미지, 성숙해 보이며 역삼각형, 다이아몬드형, 각진 얼굴형에 어울리는 눈썹

- **상승형**: 개성있고 활동적인 눈썹, 둥근 얼굴형, 각진 얼굴형에 어울리는 눈썹

(5) 아이섀도

아이섀도는 눈의 생김새에 따라 알맞은 위치에 아이섀도의 분포도를 조절하고 색감을 주어 단점을 보완하고 눈을 더 크게 만들거나 아름다운 눈매를 표현하는 효과가 있다.

아이 메이크업은 베이스 컬러, 메인 컬러, 포인트 컬러를 조화롭게 사용하여야 입체적인 눈매를 만들고, 하이라이터 컬러를 눈썹 밑에 도포해주면 더 효과적이다.

의상 색, 의상 스타일, 계절, 눈의 형태를 고려하여 전체적인 메이크업에 맞게 아이섀도 색상을 선택하고 분포를 결정한다. 아이섀도는 양을 조절해서 바르고 연한 색부터 시작해서 진한 색으로 그러데이션하여야 뭉치지 않고 자연스럽게 연출할 수 있다. 섀도를 바르기 전에 눈 밑부분에 파우더를 적당하게 도포하여 번짐을 막아준다. 아이섀도는 케이크 타입이 일반적으로 많이 쓰이고 건조하고 발색이 안 되는 눈은 액상 타입 섀도가 지속력과 발색력에 효과적이고 가루 타입, 펜슬 타입 등의 종류가 있다.

- 하이라이트 컬러

하이라이트는 돌출되어 보이고 넓어 보이는 효과가 있고 눈을 감았을 때 눈동자 중앙에 도포하거나 눈썹 뼈에 사용하고 팽창되어 보이고 싶을 때 사용한다. 섀도 색상과 조화롭게 입체적으로 사용할 수 있다.

- 베이스 컬러

눈의 홀 부분까지 전체적으로 도포해 주고 메인 컬러를 돋보이게 하고자 사용한다.

- 메인 컬러

섀도 색상 중 가장 중심이 되는 색으로 베이스 컬러보다는 돋보이나 포인트 컬러보다는 약하다.

- 포인트 컬러

눈매를 강조할 때 쓰이나 사용 강약에 따라 눈매가 강조가 달라지며 쌍꺼풀 부위와 언더에 사용된다.

- 언더 컬러

눈밑 눈꼬리 부분에 섀도를 삼각존을 채워주고 언더 앞머리 쪽으로 올수록 선적인 느낌으로 얇게 그려준다.

(6) 아이라이너

아이라이너는 눈매를 더욱 입체적으로 만들어주고 눈을 커 보이고 선명하게 만드는 효과가 있다. 속눈썹 난 부분을 아이라인으로 채워주고 눈매에 따라 굵기를 조절하여 눈꼬리 끝부분은 자연스럽게 빼준다. 쌍꺼풀이 작은 경우에는 아이라인을 얇게 그려야 눈꺼풀에 아이라인이 묻지 않는다.

■ 아이라이너 종류

타입	특징
리퀴드 타입	잘 마르고 지속성이 높아 번지지 않는 장점이 있으나 가장 진하게 표현이 되므로 아이라인의 양 조절과 눈꼬리 부분에 라인을 뺄 때는 손에 힘 조절을 하는 것이 중요하다.
펜슬 타입	초보자가 쉽게 사용할 수 있고 자연스러운 메이크업 연출에 어울리며 잘 번지는 단점이 있다.
케이크 타입	물을 섞어 사용하며 물의 양 조절을 잘해야 되며 번들거림이 없고 잘 번지지 않는 장점이 있다.
젤 타입	묵직한 느낌의 젤 타입으로 발색력도 좋고 원하는 두께를 섬세하게 표현할 수 있다.

(7) 마스카라

마스카라는 속눈썹을 길어 보이게 하여 깊이감을 주고 처져 있는 속눈썹을 올려 눈을 커 보이게 한다. 아이래시 컬러로 컬을 만든 다음 마스카라를 지그재그로 속눈썹 뿌리 안에서부터 위로 컬링해 준다. 언더 속눈썹은 세로로 세워서 좌우로 쓸어주고 다시 아래로 쓸어준다.

■ 마스카라 색상

- **블랙** : 눈을 또렷해 보이도록 하고 가장 많이 대중적으로 쓰인다.
- **브라운** : 부드러운 눈매를 만들어주고 진하기에 따라 부드러움의 정도가 다르게 느껴진다.
- **블루** : 시원한 느낌을 주어 여름철에 섀도와 어울리게 연출한다.
- **퍼플** : 화려한 느낌을 줄 때 쓰기도 한다.

■ 마스카라 종류

• 롱 래시 마스카라

마스카라에 섬유질이 들어있어 속눈썹 끝에 붙어 연장되어 속눈썹 길이를 길어 보이게 한다.

• 볼륨 마스카라

속눈썹 숱이 많아 보이게 하여 눈매를 진하게 하고 마스카라 솔이 촘촘해서 내용물이 많이 발리는 역할을 하여 숱을 풍성하게 한다.

• 워터 프루프 마스카라

물이나 땀에 강하여 여름철에 사용이 용이하고 눈썹을 코팅해 주는 느낌이 있어 부드러움보다는 힘이 있어 보인다.

• 컬링 마스카라

컬을 오랫동안 유지시키는 역할을 한다.

• 누녕 마스카라

자연스러운 메이크업에 어울리며 눈썹 숱이 많은 경우 눈썹 결을 정리하면서 고정시킨다.

• 픽서 마스카라

마스카라 하기 전 픽서 마스카라를 사용하면 컬을 고정시키고 번짐을 막아준다. 검정으로 나온 픽서 마스카라는 단독으로 사용하기도 한다.

(8) 인조 속눈썹

인조 속눈썹은 눈매를 더욱 풍성하고 크게 만들어 준다. 본인의 눈 길이와 모양에 맞는 속눈썹의 컬과 길이를 선택해 자연스럽게 붙인다.

■ 속눈썹 붙이는 방법

- 인조 속눈썹은 앞·뒤 여백이 있는 부분을 잘라주는 것이 좋으며 본인의 속눈썹 길이에 맞게 눈썹 가위로 잘라 사용한다.
- 아이래시 컬러로 속눈썹을 컬링하여 컬을 만들어준다.
- 새 속눈썹인 경우 자른 속눈썹을 눈 모양처럼 자연스럽게 구부려 잘 붙게끔 형태를 잡아준다.
- 접착제는 속눈썹 라인을 따라서 얇게 발라주며 이때 많은 양을 사용하면 속눈썹에 묻거나 눈에 들어가기 때문에 유의하여야 한다.
- 접착제를 발라 살짝 마르려고 할 때 접착력이 강하므로 눈 중앙에서 양쪽 끝을 붙여준다.
- 마스카라를 이용하여 본인의 속눈썹과 인조 속눈썹이 분리되지 않도록 한다.

(9) 립 메이크업

립 메이크업은 생기 있는 입술로 만들어주며 얼굴 전체에서 포인트 역할을 한다. 움직임이 많아 눈에 잘 보이고 입을 다물고 있거나 웃을 때 움직임을 보고 형태를 잡아 완성한다. 립 컬러와 아이섀도, 치크, 의상 등의 전체적인 색감이 조화롭게 어울려야 한다. 색감을 주어 생기 있게 표현하며 입술 보호 작용도 있다.

■ 립제품의 종류

❶ 립스틱

가장 많이 쓰이며 왁스를 고체형으로 만든 타입. 색상과 제형이 다양하다.

• 매트 타입

무광의 립스틱으로 주름이나 각질이 두드러지는 단점이 있고 최근에는 이 단점을 보완하는 제품들이 출시되고 있다.

• 글로시 타입

유분감이 있어 발림성이 좋고 제형이 부드러우며 광택을 준다.

• 모이스처 타입

촉촉하고 수분감이 많아 발림성이 좋으며 건조한 사람들이 쓰면 좋다.

• 벨벳 타입

무광으로 매트 타입보다는 발림성이 좋고 각질이나 주름이 덜 두드러지며 무광택이지만 뻑뻑함이 적다.

• 새틴 타입

글로시 타입보다는 광택이 적으며 매트와 벨벳의 중간 타입이라 할 수 있다.

벨벳보다는 입술 주름을 적당히 커버하여 주름 자체의 느낌이 남아 있는 편이다.

❷ 립글로스

입술을 촉촉하게 하고 립스틱이나 틴트 위에 덧발라 윤기 나게 표현할 수 있다.

❸ 립밤

고체 타입과 액체 타입이 있는데 입술을 보호하고 수분 손실을 막는다. 색감이 자연스럽게 들어가거나 무색이다.

❹ 립라이너

입술에 주름이 있는 경우 립스틱이 번지는 것을 막아준다.

(10) 치크 메이크업

피부에 생기와 혈색을 주며 치크 방향에 따라 얼굴의 형태를 만들어준다. 조화로운 색 선택으로 섀도와 립 컬러의 조화를 만들어주며 입체감을 준다.

■ 형태별 분류

❶ 케이크 타입

대중적으로 가장 많이 쓰이며 파우더 사용 후 브러시로 사용하여 연출한다.

❷ 크림 타입

건조한 피부에 적합하며 파운데이션을 바르고 촉촉한 상태에서 스펀지로 그러데이션하여 사용하여 준다.

■ 치크의 색상과 이미지

❶ 레드

흰 피부에 어울리며 화려한 이미지인 여성이 잘 어울린다.

❷ 핑크

귀엽고 청순한 이미지이다.

❸ 퍼플

우아하면서 고급스러운 이미지를 준다.

❹ 오렌지

활동적이며 발랄한 이미지를 준다

❺ 브라운

이지적이고 분위기 있는 세련된 이미지이다.

■ 얼굴형에 따른 치크 방법

치크를 하기 전 파우더로 유분기를 제거해야 얼룩 없이 깨끗하게 표현된다. 치크를 브러시에 묻혀 티슈나 다른 곳에 더 양을 덜어 적당량을 가볍게 여러 번 반복해서 발라야 그러데이션이 쉽게 잘 된다. 웃을 때 가장 많이 올라오는 부분을 둥글게 터치해주면 귀여운 이미지로 표현되고 광대뼈를 구각(口角) 쪽으로 사선 방향이 되게 터치하여 얼굴을 갸름해 보이게 할 수도 있다.

얼굴형 치크에 대해 알아보자.

❶ 역삼각형

턱선이 좁아서 강조되지 않아야 하며 귀쪽에서 구각의 살짝 위로 그러데이션 하면 입체감 있는 얼굴을 만들 수 있다.

❷ 타원형

대체적으로 잘 어울리며 목적과 상황에 따라 이미지에 맞게 사용하면 된다.

❸ 다이아몬드형

볼이 부각되지 않게 주의해야 하며 광대를 중심으로 연하고 넓게 둥글게 그러데이션 하여 부드러운 느낌을 준다.

❹ 긴형

얼굴이 길어 보이므로 콧망울과 구각 방향으로 가로의 느낌으로 치크를 한다.

❺ 둥근형

얼굴이 통통한 타입이라 갸름하게 하는 것에 목적이 있으며 코 끝과 눈 끝이 만나는 곳을 중심으로 타원형으로 치크를 해주면 동안으로 보일 수 있으며 귀쪽에서 구각 쪽으로 사선으로 치크를 하여 샤프한 이미지를 줄 수도 있다.

❻ 사각형

각진 부분이 두드러지지 않게 어두운 색상으로 턱선에 음영을 주고 광대뼈에 폭넓게 조금 짙은 컬러로 그러데이션하여 부드러운 느낌으로 만들어 준다.

2 향수 이미지

1) 향의 이미지

향수는 어원인 라틴어 “Per Fumum”은 “연기를 통한다”는 의미를 내포하는 최초의 화장품이라 볼 수 있다.

향은 보이진 않지만 이미지를 결정짓는 중요한 요소가 될 수 있고 그 사람의 매력과 품격을 얘기해준다. 향기는 사람의 기분을 좋게 만들거나 호감 있는 인상을 주며 인체의 자율신경계와 호르몬에도 영향을 주어 내면의 화장이라 불린다.

향수에 관심이 늘어나며 유명 브랜드에서 자신에게 맞는 향수를 직접 만들거나 만들어 주는 브랜드들도 늘어나고 있다. 본인만의 취향과 상황에 따라 향을 선택하여 매력적인 인상으로 나만의 이미지를 만드는 것도 중요하다. 여성의 사회 진출과 함께 남성들도 자기 관리를 하는 사람들이 많아짐에 따라 향기로 패션 기능을 더욱 높여주어 상대방에게 호감 가는 이미지로 만들 수 있다.

2) 향수의 분류와 특성

향수는 발향 단계에 따라서 탑 노트, 미들 노트, 베이스 노트로 나누어진다.

- **탑 노트**

향을 뿌린 직후부터 알코올이 날아가기 30분 전후 향을 말하며 시트러스나 내추럴한 자연 향을 주로 사용한다.

- **미들 노트**

30분~1시간 정도 경과된 후 향을 말하며 전형적인 과일 향이나 플로럴 계열의 향을 주로 사용한다.

• 베이스 노트

최대 2시간~6시간 정도 향이 다 날아가기까지의 잔향을 말하며 지속력 강한 머스크 향이나 우드 계열을 주로 사용한다.

향수 분류	향료농도	에탄올 순도	시간	특징
퍼퓸	15~30%	95% 이상	8~12시간 이상	향료의 농도가 가장 진하고 완성도가 높은 향수
오드 퍼퓸	10~18%	85~90%	6~7시간	퍼퓸보다는 부향률이 낮지만 퍼퓸에 가까운 농도로 지속성을 가진 향수
오드 트왈렛	5~12%	80~85%	4~6시간	가장 대중적이며 부드럽고 자연스러운 향
오드 코롱	2~5%	75~85%	2~4시간	향이 가볍고 부드러워 청량감이 있고 신선한 향
샤워 코롱	1~2%	75~80%	1~2시간	목욕이나 샤워 후 가볍게 사용

(1) 퍼퓸

퍼퓸은 향료의 농도, 지속 시간에 따라 분류했을 때 향이 가장 오래 지속되고 농도가 짙은 향수이다. 15% 이상 농도가 높아 가장 완벽하고 진하며 깊은 향이 있다. 향의 지속 시간은 부향률이 높은 만큼 8시간 이상 길게는 12시간 이상도 지속된다. 향이 강하고 농도가 짙어 너무 많은 양을 사용하면 머리가 아프고 상대방에게 불쾌감을 줄 수 있어 소량만 뿌리는 것을 추천한다. 조금씩 손목, 귀 뒤, 목에 포인트로 바르는 것이 적합하다.

(2) 오드 퍼퓸

퍼퓸 다음으로 에탄올 순도가 85~90% 정도로 농도가 짙다. 퍼퓸보다 향의 농도는 낮지만 지속시간은 6~7시간 정도로 향기가 오래도록 남아있어 스프레이 용기를 사용할 수 있으며 오드 트왈렛의 장점만 모아 만들어진 향수이다.

(3) 오드 트왈렛

가장 대중적으로 접하는 향수가 바로 오드 트왈렛이다. 향료는 5~15% 정도 함유하고 에탄올 순도는 80~85%로 가장 많이 사용하는 향수이다.

가벼운 사용감으로 남성들도 많이 선호하고 지속시간은 5시간 내외로 대중적인 향수이다.

(4) 오드 코롱

향료는 2~5%로 낮은 부향률로 향의 농도가 약해서 아주 가볍게 사용하기 좋은 향수 이다.

가격대도 낮아 사용하기에 좋으나 지속 시간이 짧고 옷이나 침구류에 바로 뿌려도 얼룩이 지지 않는다. 가벼워서 목욕 후에 뿌려도 무방하다.

(5) 샤워 코롱

향료가 1~2%이고 에탄올 순도는 75~80%로 부향률이 오드 코롱보다 낮아 지속시간이 1~2시간으로 짧다. 샤워 후 전신에 발라 마사지하여 상쾌함과 은은한 향을 느낄 수 있고 강한 향에 거부감이 있는 사람에게 적당하다.

(6) 애프터 셰이브

향료가 1%로 샤워코롱이랑 비슷하며 향 지속시간은 1시간 안팎으로 향도 약하고 지속성도 짧다. 알레르기가 있거나 향에 예민한 사람들이 쓰기 좋고 보디 미스트로 쓰인다.

(7) 보디로션과 샤워젤

샤워젤은 보습 기능이 뛰어나고 세정 효과도 있으나 향기가 추가되어 향수 대신 샤워젤과 보디로션을 향수라인으로 써 선물용이나 대중적으로 가볍게 많이 사용하고 있다.

3) 향수의 종류

(1) 플로럴 계열

플로럴 향은 전반적으로 "액체의 보석"이라 불리기도 하고 친근한 꽃 향기이다. 우아하고 고급스러우며 부드러운 분위를 연출한다. 많은 플로럴 향료 중 장미, 재스민, 뮤게, 라일락, 네롤리가 대중적이다.

대표적인 향수로는 에르메스의 아마존, 랑방의 아르페쥬, 구찌 블룸 오드 퍼퓸, 바이레도 라튤립, 디올의 쟈도르 압솔뤼, 크리스찬 디올의 디오리시모, 샤넬의 크리스탈, 기라로쉬 휘지, 입생로랑의 파리, 크리스찬 디올의 블루밍 부케 오드, 에르게니아의 엘러선느 루케, 아나이스 아나이스, 플뢰르 드 디저라이드 등이 있다.

(2) 오리엔탈 계열

오리엔탈 향은 동양적이라는 뜻으로 사향, 용현향, 영묘향 등의 동물 향조에 발삼, 바닐라 계열, 우디향, 동물성향이 조화를 이룬다. 동양의 지역을 느낄 수 있는 향기를 표현하였고 어둡고 관능적이며 이국적인 신비로운 분위기를 자아내는 향이다.

성숙하고 이성에게 호소력이 높고 무거우면서 성숙한 느낌을 자아낸다. 오리엔탈 향은 지속력이 풍부하고 잔향이 강하게 남아 사용 시에 주의해야 한다.

크리스찬 디올 쁘와종, 랑콤의 트레조, 입생로랑의 오피움, 샤넬 코코 마드모아 젤, 겔랑의 샬리마 등이 있다

(3) 우디 계열

편안한 나무가 생각나는 따뜻하고 신선한 향으로 안정되며 부드러운 분위기를 느낄 수 있는 향이다.

달콤함과 우드함이 공존하는 딥퍼랑스의 고스트 오우드 무드, 딥디크의 탐다오 오드 퍼퓸, 바이레도의 집시워터, 슈퍼시더, 르 라보의 상탈33, 이솝의 테싯, 휠, 미라세티, 불가리 뿌르 옴므 오드 트왈렛, 겐죠 뿌르 옴므, 트라이앵글 등이 있다.

(4) 시트러스 계열

상쾌한 향의 시트리스는 레몬(lemon), 베르가모(bergamo), 오렌지(orange), 라임(lime), 자몽(grapefruit), 포도(grape), 만다린(mandarin) 프레시하고 신선하여 남녀노소 부담 없이 사용하는 향이다. 캐주얼과 잘 어울리고 가벼운 느낌으로 빨리 퍼지고 향의 증발 시간이 짧아 프레쉬한 오드 코롱, 샤워코롱에 많이 이용된다.

조말론의 라임바질 앤 만다린, 딥디크의 오에도 오드 트왈렛 오데썽, 메종 프란시스 커정의 아크아 유니버셜, 에르메스의 오드 코롱 에르메스, 캘빈클라인의 One, MCM의 MC 등이 있다.

(5) 그린 계열

환경이 파괴되면서 자연으로 돌아가려는 경향이 점차 높아지고 있다.

이러한 영향으로 트렌드에 맞게 어울리는 신선한 자연의 향으로 나뭇잎이나 풀잎을 비비면 나는 상쾌한 그린 계열이 특징인 향이다.

시트러스보다는 고급스럽고 개성이 있는 향이며 젊은 층에서 인기가 있고 어느 계절이나 어울린다. 1945년 피에르 뒤낭의 "르 방 베르"가 전형적인 그린 계열 향수이다.

샤넬 No.19, 겐조 데떼, 오드 구찌, 핑르 다낭의 방베르 등이 있다.

(6) 프루티 계열

달콤한 과일향으로 딸기, 복숭아, 블랙베리, 사과, 딸기, 멜론, 열대과일 등을 사용한다. 상큼하고 귀여운 느낌으로 가볍게 부담없이 사용할 수 있는 향이다.

조말론의 블랙베리 앤 베이 코롱, 조말론의 넥타린 블러썸 앤 허니, 조말론의 잉글리

쉬 페어 앤 프리지아, 로에베 세포라의 아구아 엘라, 겔랑의 미츠코, 로샤스의 팜므 등이 있다.

4) 향수 사용 방법

많은 사람들이 개인의 취향이나 선호에 따라 향수를 선택한다. 본인과 어울리는 향수를 잘 선택하고 피부 타입이나 계절, TPO에 따라 달라지며 먼저 향을 사용하는 방법은 다음과 같다.

향을 선택할 때에는 손목, 손등, 테스트 용지에 뿌린 후 3회 정도 흔들어 알코올 성분이 날아가게 한 다음 5-10분이 경과한 후 향취를 맡아야 한다. 그리고 20분이 지나서 나는 향이 진짜 그 향수의 본연의 향이다. 향수를 뿌려 처음에 맡는 향은 강한 알코올 성분 때문에 판단하기가 어려워 한 번에 여러 가지 향은 맡지 않도록 주의하여야 한다.

민감성 피부는 알코올 성분이나 다른 성분으로 알레르기가 유발되지 않도록 주의하여야 하고 피부에 분사하기보단 의상이나 옷장에 미리 분사하는 것이 좋다. 건성피부는 지성피부에 비해 향이 빨리 날아가므로 3~4시간마다 향수를 뿌려주거나 같은 향의 보디로션을 발라 향을 오래 즐길 수 있다. 지성피부는 향이 오래가기 때문에 단순한 향이나 농도가 낮은 오드 코롱 제품을 사용하여도 좋다.

향수 사용 부위로는 귀 뒤, 목 안쪽, 목 뒤, 팔꿈치, 손목, 무릎 뒤, 허벅지 등 맥박이 뛰는 곳에 적당량 사용하면 된다. 외출하기 1~2시간 전에 직접적인 분사보다 스프레이 형식으로 10~20cm 정도 떨어져서 엷고 넓게 사용하는 것이 좋다. 그리고 손목이나 다른 부위에 향수를 사용한 후 비비는 경우 향의 입자가 손상되므로 주의한다.

(1) 향수 사용 시 주의사항

- 실크 옷이나 흰색 옷, 피혁과 같은 옷에는 얼룩이 질 수도 있으므로 직접 뿌리지 않는다.

- 보석류도 변색되기 쉬워 주의하여야 한다.
- 상처가 있는 피부, 배꼽, 유두나 겨드랑이, 신발, 모자 악취가 나는 부위에는 향수를 부리지 않도록 한다.
- 피부를 깨끗이 한 후 사용하며 지나치게 많은 양은 상대방에게 불쾌감을 줄 수 있으니 적당한 양으로 사용한다.

(2) T.P.O에 맞는 향수 사용법

- **가벼운 외출 시**: 가벼운 외출을 할 때에는 출근할 때보다는 부담 없고 가볍게 사용할 수 있는 향수를 사용하는 것이 좋다. 시트러스 계열 향수를 사용하여 캐주얼하며 생동감과 활기를 줄 수 있다.
- **신입 회사 출근 시**: 튀지 않는 은은한 향으로 오드 코롱과 같은 향수를 사용한다.
- **사무실 내**: 고정된 공간에서 일하기 때문에 너무 강하고 진한 향은 피하고 개인의 취향을 고려하여 신선하며 상큼한 느낌의 향수를 사용하는 것이 좋다.
- **파티 시**: 파티에 성격이 따라 다르나 보통 화려한 의상이나 메이크업, 헤어에 맞추어 오리엔탈 계열의 관능적이고 유혹적인 강렬한 향수를 선택하는 것이 좋다.
- **데이트 시**: 달콤한 과일향이나 섹시한 느낌을 주는 로즈향이 연인과의 데이트 시 여성스러운 매력과 화사함과 순수함 동시에 관능미도 있어 남성들이 선호한다.

5) 향수 보관 방법

향수를 안전하게 사용하기 위해서는 내용물이 변하지 않게 주의해야 될 점들이 있다.

직사광선, 먼지, 열이 있는 장소를 피해 어둡고 서늘한 장소가 적합하고 13~15도 정도의 일정한 온도에서 보관하는 것이 좋다. 사용한 향수는 진공상태가 아니므로 쉽게 휘발될 수 있으므로 뚜껑을 반드시 닫아야 하며 장기간 사용하지 않는 것이 좋다. 향수를 많이 사용하고 내용물이 소량 남아 있을 경우 윗부분은 공기와 접촉이 있을 수 있어 작은 용기에 옮겨 사용하는 것이 향취가 변하지 않는다.

Chapter 8

헤어 & 골격 이미지 스타일링

1. 헤어 관리
2. 헤어케어
3. 헤어스타일링
4. 체형에 따른 스타일링

1 헤어 관리

1) 모발 손상 원인

(1) 생리적 요인

❶ 영양소 결핍

다이어트, 불규칙적인 식사, 편식 등 영양소 결핍으로 모발의 재생력이 떨어진다.

모발은 아미노산, 비타민, 미네랄 등이 부족하면 성장이 안 되며 모발을 건강하게 유지하려면 먹는 음식물로부터 영양을 공급받아야 하므로 영양섭취가 필수이다.

❷ 스트레스로 인한 호르몬 변화

스트레스를 받으면 긴장과 불안감으로 혈관이 수축하고 혈액 공급이 원활하지 않아 모발 성장에 방해된다.

스트레스는 성장호르몬의 분비를 줄어들게 하여 모발의 성장을 멈추게도 하고 성장이 늦어질 수 있다. 스트레스를 많이 받으면 혈액 내 염증이 증가하여 두피에 염증이 생길 수도 있고 탈모가 생길 수도 있다. 또한 모낭 주변의 면역계에도 영향을 끼쳐 원형 탈모 같은 면역계 질환을 일으킬 수도 있다.

(2) 물리적 요인

❶ 마찰에 의한 손상

모발의 바깥에 위치하는 모표피층은 케라틴 단백질이 모근에서 모간 방향으로 겹겹이 쌓여있어 외부로부터 모발을 보호하는 기능이 있다. 빗질, 잦은 샴푸, 드라이 등은 모발에 마찰을 일으켜 모표피가 손상된다.

❷ 커트도구에 의한 손상

커트 기술이 미숙하거나 상태가 좋지 않은 가위를 쓸 경우에 모표피를 깎아서 커트된 자리에 모피질의 수분이 증발되고 약품이 쉽게 침투하여 모발이 손상된다. 잘 드는 가위를 사용하고 트리트먼트 등으로 모발을 보호한다.

❸ 열기구 사용에 의한 손상

80도 이상의 열을 가해 드라이기나 고데기 전기 세팅기를 자주 사용하는 경우 모발이 손상된다. 150도 이상의 열을 가할 경우 팽창되면서 모발이 푸석해지며 탄력을 잃게 된다.

모발은 수분을 보유하고 있지만 열로 인해서 수분이 날아가게 되면 피부가 건조하듯이 머리카락도 건조해진다. 잦은 외부 기구 사용에 더욱 손상된다.

(3) 화학적 요인

❶ 파마·염색에 의한 손상

염색과 탈색을 과도하게 하면 약제의 알칼리와 과산화수소 성분이 모발에 치명적인 손상을 입힌다. 파마 시술 시 가온기를 사용하거나 약액을 잘못 선택한 경우, 시간 조절을 잘못한 경우에도 모발이 심하게 손상된다.

❷ 헤어스타일 제품에 의한 손상

헤어 스프레이, 헤어 젤, 헤어 로션 등 알코올을 포함하고 있는 제품이라 단백질에 대해 수렴, 응고 반응, 탈수 반응으로 단백질을 변성시켜 모발을 손상시킬 수 있다.

(4) 환경적 요인

❶ 자외선 노출에 의한 손상

적외선과 자외선이 모발에 영향을 주는데 적외선은 모발이 열에 의해 케라틴 단백질이 손상되며 자외선은 열은 없지만 장시간 노출 시 단백질 변성을 일으켜 손상이 된다.

❷ 바닷물, 수영장에 의한 손상

바닷가에는 소금기가 함유된 물에 의해서 손상이 되고 수영장은 소독약품이 들어가 있는 물에 노출이 되어 모발이 윤기가 없어지며 푸석해지며 손상이 된다.

2 헤어 케어

1) 두피 관리

(1) 정상 두피

우윳빛에 청백색을 이루고 있으며 각질이 쌓이지 않도록 청결과 영양공급에 신경 쓰고 현재 상태를 유지하기 위해 적당한 두피 마사지를 하는 것이 좋다.

(2) 건성 두피

피부 분비가 현저히 부족하며 건조하고 가려움이 있을 수 있다.

건조하면 각질이 쌓일 수 있으니 모공이 막히지 않도록 주의하여야 한다.

보습력이 있는 건성 샴푸를 사용하는 것이 좋으며 드라이기로 두피만 살짝 말려 나머지는 자연 건조하고 트리트먼트 제품은 두피에 닿지 않도록 주의한다.

(3) 지성 두피

피지 분비가 과도하여 모공이 피지로 막혀 두피를 깨끗하게 하고 피지 조절에 신경 쓰며 염증 반응이 있을 때는 치료를 요한다.

자극적인 헤드 마사지는 피해야 하며 샴푸는 pH5.5 정도의 지성 전용 샴푸를 써야 한다. 피지 분비를 촉진하는 음식이나 스트레스, 음주, 흡연 등을 피하고 충분한 휴식을 통하여 두피의 순환을 돕는다.

(4) 예민성 두피

각질의 양이 많이 적고 피지 분비량도 적어 예민하고 모발이 얇고 탄력이 없으며 모세혈관이 확장되어 붉고 염증이 있다. 모발의 염색이나 파마 같은 시술 등으로 피부가 예민해져 있어 드라이 건조보다는 자연풍으로 건조하는 것이 좋다. 질환이 있는지 확인이 필요하며 pH5.5 정도의 약산성 샴푸로 모발을 관리하고 과도한 스케일링제는 피하는 것이 좋다.

사우나는 피하고 적당한 운동과 영양가 있는 식단으로 생활하는 것이 좋다.

(5) 비듬성 두피

비듬균의 증식으로 진균류를 억제하는 것이 중요하나 진균류를 없애더라도 재발과 두피가 예민해질 수도 있어 스트레스, 호르몬 밸런스, 균형적인 식단, 두피의 청결, 환경오염, 약품에 대한 염증 등 여러 가지로 관리가 되어야 한다.

- 건성 비듬: 잘못된 샴푸법, 영양 부족
- 지성 비듬: 피지와 각질이 결합하여 생겨 악취와 가려움, 염증반응이 있을 수 있어 두피를 세정함과 함께 피지관리도 이루어져야 한다.
- 혼합성 비듬: 피지 산화의 작용으로 건성비듬과 같은 형태이나 쉽게 떨어지지 않는다.

비듬성 두피는 비듬용 약용 샴푸를 쓰는 것이 좋고 단기간 일정한 간격으로 사용하여야 한다.

2) 모발 관리

(1) 가늘고 힘 없는 건성모발

유·수분 유지, 단백질 공급 등 헤어팩과 트리트먼트를 이용하여 관리해 주어야 하며 드라이할 때에도 헤어로션을 발라 약한 바람으로 말려야 한다. 오일이 함유된 샴푸나 린스를 사용하면 큐티클을 감싸 효과가 있고 마지막으로 린스는 꼭 사용한다.

(2) 손상되어 있는 모발

파마나 염색 등 잦은 화학 시술의 자극으로 손상되거나 갈라진 모발은 커트해주는 것이 좋으며 영양공급에 중점을 두어 모발에 흡수가 좋은 트리트먼트로 수분 공급과 코팅을 하여야 한다. 화학적 시술은 삼가고 둥근 브러시로 모발을 정리하고 드라이기 사용보다는 자연으로 건조한 것이 좋다.

(3) 피지 분비가 많은 지성 모발

피지 분비가 과도하거나 땀을 흘리거나 해서 자주 머리를 감게 되면 더욱 자극이 되어 손상될 수 있다. 하루 2회 샴푸하게 되면 기능성 저자극 샴푸나 수분이 포함되어 있는 샴푸나 주 1회 정도는 트리트먼트를 이용하여 손상을 줄인다.

(4) 비듬성 모발

비듬 형태에 따라 지성, 건성으로 나누어지고 비듬 전용 샴푸를 사용한다. 두피 마사지와 브러싱을 하여 혈액순환을 촉진시켜 두피에 쌓인 먼지나 노폐물, 비듬을 제거해준다.

스트레스를 줄이고 균형 있는 식단과 규칙적인 생활을 한다.

3 헤어 스타일링

헤어스타일은 얼굴의 인상을 짧은 시간에 변화시킬 뿐 아니라 이미지를 결정하는 중요한 요소이다. 단정한 헤어 스타일은 본인 관리를 잘하고 일도 잘할 것 같은 이미지를 주지만 본인에게 어울리지 않거나 정돈되지 않은 헤어스타일은 상대방에게 좋은 이미지를 주지 못한다. 헤어는 토털 패션의 일부로 얼굴의 이미지는 헤어스타일이 많은 영향을 차지해 본인에게 어울리는 헤어디자인을 찾는 것은 호감이 가는 좋은 이미지를 만드는 데 도움이 된다.

1) 얼굴형에 맞는 여성 헤어스타일

(1) 계란형

가장 이상적인 얼굴형으로 전반적으로 다양한 헤어스타일이 어울려 선택의 폭이 넓지만 이미지나 얼굴 비율에 따라 헤어 디자인이 다를 수 있다. 긴 머리, 파마, 숏 컷, 단발, 중간머리까지 무난하게 잘 어울리며 다른 얼굴형과는 다르게 단점이 없어서 윤곽을 살리는 헤어스타일도 잘 어울린다. 로맨틱한 느낌을 살리고 싶을 땐 긴 머리에 웨이브로 포인트를 주어도 어울리며 보이시한 짧은 컷의 경우는 스타일에 따라 어려 보이고 계란형의 얼굴 윤곽이 돋보여 잘 어울린다.

평소 부드러운 느낌과 얌전한 느낌이 있으므로 헤어 컬러나 웨이브로 포인트를 주며 과감한 스타일도 어울려 개성 있는 스타일에 도전해 보는 것도 좋다.

(2) 둥근형

둥근형은 얼굴의 길이와 넓이가 거의 같아 동그란 형태를 가지고 있다. 동안으로 보이고 귀여운 이미지가 있는 반면 세련됨은 조금 부족하다.

얼굴을 갸름해 보이게 하는 것이 좋고 6:4 가르마로 시크한 이미지를 줄 수 있고 머리 정수리 윗부분은 볼륨을 살리고 옆머리는 차분하게 하여 얼굴을 갸름해 보이도록 한다. 앞머리는 드러내고 옆머리 쪽으로 길게 내려오게 하거나 언밸런스하게 커트하면 둥근형을 커버할 수 있다. 머리를 묶을 때는 위로 높게 올려 포인트를 위쪽에 두는 것도 좋다. 얼굴 옆쪽으로 웨이브가 많은 스타일과 앞머리가 있는 무거운 뱅 스타일은 얼굴을 더 둥글게 보이게 하므로 주의해야 한다. 남성헤어 스타일은 위로 볼륨을 살리고 옆에 머리는 최대한 붙여서 연출하여 세로의 길이감으로 연출한다.

(3) 역삼각형

역삼각형은 이마가 넓고 턱이 뾰족한 형태인 얼굴형이다. 현대인들은 좁은 턱을 선호하지만 날카로운 인상을 줄 수 있다. 헤어스타일은 얼굴을 다 드러내는 것은 피하는 것이 좋고 넓은 이마를 가릴 수 있도록 앞머리를 시스루 뱅으로 내려 길이를 스타일에 맞게 정해 이마는 좁게 하고 좁은 턱선을 보완하기 위해 턱 옆으로 커트하여 머리 흐름이나 웨이브로 풍성한 느낌을 연출하여 빈약한 턱 부분을 보완한다. 차가운 느낌을 보완하기 위해서는 굵은 웨이브를 넣어주는 것이 좋다.

턱선이 드러나는 지나치게 짧은 스타일은 피하고 헤어 길이는 턱선이나 어깨 길이가 이상적이다. 짧은 머리 경우에는 보브 스타일의 층이 없는 스타일과 턱을 C컬로 부드럽게 감싸는 스타일이 좋다. 턱 아래로 모발이 내려오는 길이가 적당하며 앞머리 없이 웨이브가 있는 풍성한 단발로도 연출할 수 있다. 긴 머리의 경우는 층을 전체적으로 내는 것이 좋고 중간머리는 목선에서 바람머리처럼 휘어지거나 안으로 말리는 스타일로 연출하여 턱선을 볼륨있게 보완한다.

남성은 앞머리를 내리되 무거운 느낌보다는 층을 내어 자연스럽게 연출한다.

(4) 삼각형

이마는 좁고 턱 부분은 넓은 얼굴 형태로 자칫 성숙해 보이고 나이 들어 보일 수 있다.

헤어스타일은 앞머리에 볼륨을 주어 좁은 이마를 넓어 보이게 뒤로 넘겨주거나 앞머리를 양쪽으로 내려 좁은이마를 가려 넓어 보이게 만들어준다.

강한 웨이브는 어울리지 않으며 부드러운 웨이브로 관자놀이 부분에 볼륨을 넣어 턱의 넓은 부분을 시각적으로 축소시킨다. 턱선을 따라서 볼 부분으로 휘어지는 듯한 헤어스타일도 턱선을 갸름하게 보완할 수 있다.

(5) 사각형

양 턱이 각지고 광대뼈와 직선적인 이마로 남성적이고 개성이 강한 이미지를 준다.

각진 느낌의 얼굴 형태를 둥글고 부드럽게 보이는 것이 중요하므로 양 사이드에 볼륨은 피하고 헤어 탑 부분에 볼륨을 주고 얼굴을 감싸듯이 그러데이션을 많이 내는 컷으로 층을 내어 넓은 딕신을 보완하여 동그랗게 입체감을 준다.

비대칭 가르마로 모발이 얼굴에 자연스럽게 내려오게 하고 볼을 감싸 각진 부분을 보완하고 잔머리와 옆머리도 자연스럽게 내려 연출하면 좋다. 앞머리를 시스루뱅으로 내리고 탑에 볼륨을 주어 사이드 쪽으로 부드럽게 웨이브로 귀를 가려 자연스럽게 곡선 느낌을 주면 넓은 면적이 좁아 보이는 효과가 있다. 앞머리가 없거나 시스루뱅을 내린 긴 머리 굵은 웨이브 스타일이 가장 잘 어울린다.

스트레이트 단발, 뱅 앞머리, 포니테일과 같은 턱선을 강조하는 헤어스타일은 피하는 게 좋다.

남성 헤어스타일은 너무 짧은 커트는 피하고 길고 살짝 층을 낸 자연스러운 웨이브 연출이 어울린다.

(6) 마름모형

다이아몬드형으로 광대뼈가 많이 돌출되고 넓고 이마나 턱 부분 폭은 좁은 것이 특징이다.

헤어스타일은 이마와 턱선을 볼륨감 있게 보완하여야 하므로 스트레이트의 직선적인 느낌보다 이마가 넓어 보이도록 앞머리를 볼륨감 있게 만든다. 사이드는 곡선의 웨이브를 만들어 턱선 쪽으로 컬이 자연스럽게 흐르는 듯한 느낌으로 표현한다.

숏컷이나 중간 머리를 할 때에도 광대뼈에서 턱선에 볼륨을 주는 것이 중요하다. 긴 머리할 때 턱선 아래에도 볼륨을 주면 인상이 좀 더 부드러워 보이는 효과가 있다.

4 체형에 따른 스타일링

1) 직사각형 체형

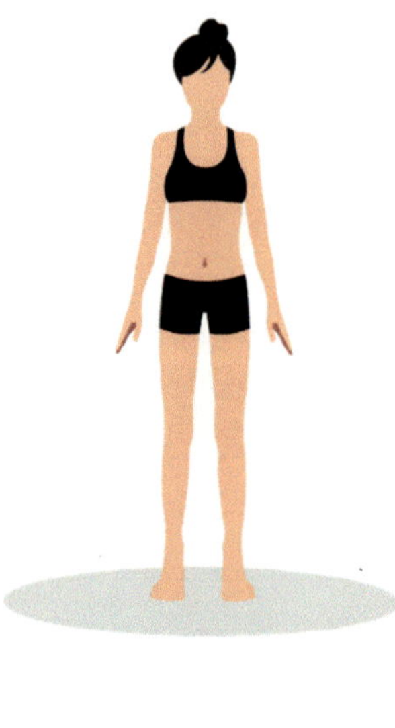

어깨와 허리, 엉덩이 넓이에 크게 차이가 없으며, 허리라인이 없는 통자형 허리를 가진 체형이다.

체형에 곡선느낌을 줄 수 있는 패턴을 선택하거나 허리라인을 잡아주는 장식을 이용한다.

상의의 네크라인은 직선이나 스퀘어넥은 피하는 것이 좋다.

라운드넥이나 브이넥, 하트넥 등을 선택하여 어깨선과 가슴선을 길게 해 준다.

소매는 시선을 분산시키기 위해 퍼프소매나 머메이드 라인, 플레어 소매 등을 선택하는 것이 좋다. 허리라인은 루즈핏의 상의에 벨트를 활용하여 허리라인을 만들어준다. 타이트한 옷에 벨트나 리본으로 허리라인을 장식하는 것은 좋지 않다.

러플 스타일의 블라우스나, 랩 스타일의 블라우스, 장식이나 패턴이 화려한 것도 통허리에서 시선을 분산시키는 좋은 방법이다.

자켓은 허리 위로 올라오는 스타일보다 허리라인이 들어가 골반기장으로 떨어지는 것이 가장 좋다. 더블자켓에 허리라인이 있는 자켓이나 허리끈으로 허리를 잡아주는 반코트도 좋다. 하의는 스트레이트의 일자바지보다는 곡선이 있는 부츠컷이나 와이드 팬츠가 좋다.

2) 삼각형 체형

가슴과 어깨보다 엉덩이가 큰 것이 특징이다. 작은 가슴과 작은 상체에 엉덩이와 허벅지가 꽉차있는 체형이다.

넓은 엉덩이에서 상체와 허리쪽으로 시선을 올려야 한다. 어깨 라인쪽으로 시선을 분산시키고 밝은 색상의 허리라인을 드러내는 상의를 입는다.

하체가 강조되지 않도록 어두운색으로 하의를 입거나 딱 달라붙는 스키니한 하의를 입지 않도록 주의한다.

스퀘어, 바토 및 사브리나 네크라인과 같이 낮고 넓은 네크라인이나 오프숄더도 좋은 선택이다. 시선을 위로 향하게 하고 어깨와 가슴 부위에 볼륨을 추가하는 장식이 있으면 더욱 좋다.

짧은 빈팔 소매의 경우, 소매에 장식이 있는 것으로 볼륨을 주도록 한다. 긴 소매의 경우, 어깨에 볼륨이 있되, 엉덩이 주위로 갈수록 폭이 좁아지는 형태가 가장 좋다. 어깨 패드, 퍼프 디자인이 들어간 것을 추천한다.

가슴과 어깨 주위에 밝은 색상, 대담한 패턴, 장식, 가로 줄무늬도 좋겠다. 단, 상의 길이는 엉덩이를 넘어가지 않아야 한다. 셔츠 밑단에 볼륨을 더하는 셔링, 프릴과 같은 장식은 피하는 것이 좋다.

자켓과 코트는 엉덩이 밑으로 내려오는 기장을 가장 추천한다 카라와 라펠이 넓고, 어깨선이 직각으로 떨어지는 코트, 더블 버튼 코트, A라인의 프린세스와 하이웨이스트의 코트 등이 있다. 특히, 트렌치 코트는 삼각형 체형에게 추천하는 아이템이다.

하의는 하이웨스트 치마나 바지가 최적이다. 다만 엉덩이 주변으로 화려한 장식이나 패턴이 있는 것은 피해야 한다.

3) 역삼각형 체형

역삼각형 체형은 넓은 어깨와 가슴, 엉덩이로 갈수록 좁아지는 체형이 특징이다. 몸의 전체적인 비율상 상체가 커 보인다. 허리가 잘록하거나 엉덩이가 작은 경우가 많다.

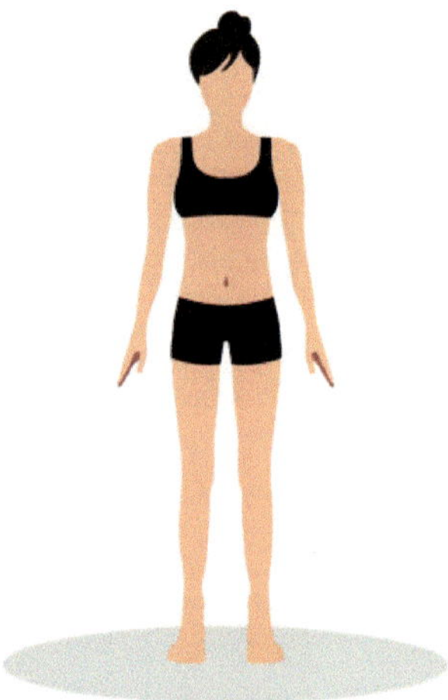

어깨선이 딱 맞거나 상의를 분할할 수 있는 디자인선이 들어간 형태나 긴 목걸이를 해줌으로써 넓은 어깨와 가슴으로부터 시선을 좁아 보이게 한다. 넓은 어깨, 가슴 및 좁은 하체와 균형을 이루는 것이 중요하다.

어깨를 훤히 보이는 스타일의 옷은 좋지 않다. 브이넥이나 유넥, 언발란스의 넥 스타일이 좋겠다.

상의는 소매쪽으로 손목을 전체를 닫게 되면 답답하고 상체를 더 도드라지게 하므로 손목을 보여줄수 있는 7~9부 소매가 적당하며, 라그랑소매도 어깨를 좁아보이게 하는 효과를 줄 수 있다.

셔츠는 허리라인은 강조하고 상체와 넓은 어깨를 아래로 시선을 유도해야 한다. 엉덩이 부위에 볼륨을 더하며 허리에서 엉덩이까지 플레어가 돋보이는 셔츠 즉, 힙선을 지나 하의와 연장되는 것이 좋다.

자켓으로는 어깨가 강조되지 않고 체형에 딱 맞는 사이즈를 추천한다. 오버핏보다는 직선 라인이나 허리선에서 플레어 라인으로 강조된 자켓을 추천한다.

하의는 되도록 밝은 색으로 착용하여 하의를 좀 더 강조하는 것이 좋으며 스키니 핏보다는 플레어 핏이나 와이드 핏으로 착용하는 것이 좋다.

엉덩이에 포켓 포인트나 장식이 들어가 있는 것도 좋겠다.

4) 둥근 체형

대체적으로 어깨가 좁고 둥글며, 허리의 경계선이 없는 체형으로 전체적으로 통통하며 복부가 유난히 크다.

네크라인은 넓고 깊은 형태가 좋다. 넓은 네크라인은 좁은 어깨를 좀 더 보완해주고, 깊은 네크라인은 목이 길어 보인다. 둥근 체형에 추천하는 네크라인은 V넥이다.

네크라인 주변의 볼륨과 장식은 시선을 끌어올리는데 도움을 준다. 넓은 복부에서 시선을 빼앗기 위해서는 가슴 위쪽 상체와 팔에 집중시켜야 하므로 디테일(슬릿, 주름, 퍼프, 루즈, 플레어)이 많은 소매 어깨에 패드나 캡이 있는 소매가 좋겠다.

자켓은 신체의 넓은 부분을 숨길 수 있는 좋은 코디 아이템이다. 랩 스타일의 자켓, 테일러드 자켓, 원 버튼 자켓, 버튼은 가슴 라인 아래 위치하는 것이 좋다. 어깨가 꼭 맞는 자켓, 엉덩이 뼈까지 오는 길이의 자켓이나 엉덩이 바로 위에 멈춘 짧은 자켓이 좋다.

둥근 체형이 바지를 고를 때는 하체를 최소화할 수 있는 것을 목표로 해야 한다.

폭이 넓은 바지는 상체의 넓은 부분과 균형을 맞추기 때문에 잘 어울리는 바지 중 하나이다. 힙라인에 굴곡을 주는 옆 주머니, 뒷 주머니가 달린 바짓단, 앞쪽은 평평해야 하고, 몸에 달라붙어서는 안 된다. 둥근 몸매를 위한 스커트는 하단에 체중을 너무 많이 넣지 않고 허리를 강조해 주는 스커트다. 추천 스커트로는 티어드 스커트, 플레어스커트, 버블 스커트 등으로 무릎 위나 종아리 기장이 가장 좋겠다.

Chapter 9

퍼스널컬러와 색의 이해

1. 퍼스널컬러 이해
2. 색채의 특성
3. 색채의 지각적 특성

퍼스널컬러의 이야기를 하기 전에 우선 아래의 질문에 나는 어느 정도 해당하는지 확인해보자.

- 내 옷장엔 한 번도 입지 않은 옷이 있다.
- 외출 시 옷을 선택할 때 입었다가 자꾸 벗게 되는 옷이 있다.
- 내 옷장은 검정, 하양, 회색으로만 가득 차 있다.
- 옷을 배색하는 데 어려움이 많다.
- 내 화장대의 색조 제품은 넘쳐나나 찰떡이라고 할 수 있는 제품은 찾지 못했다.
- 메이크업 제품이 많지만 쓰는 것은 한정되어 있다.
- 유행하는 색조 및 컬러 패션 소품들을 살 때 고민을 많이 하는 편이다.
- 액세서리를 착용할 때 실버나 골드 등 한 가지 색상만 착용한다.
- 어떤 염색 컬러가 나에게 잘 어울리는지 모른다.

이 항목 중에 하나 이상 동의를 했다면 당신은 당신에게 어울리는 컬러를 찾지 못하고 있거나 메이크업과 스타일을 매칭하지 못하는 상황이라고 생각이 든다.

지금부터 함께 할 내용은 당신의 컬러를 찾고 컬러와 스타일링을 잘 매치하여 그동안 가졌던 불확실성에 대해서 확신을 하게 되는 계기가 될 것이다.(물론 퍼스널컬러 진단은 대면으로 직접 진단하는 것이 가장 옳은 방법이다.)

1 퍼스널컬러 이해

1) 색채 이해

(1) 퍼스널컬러와 첫인상

사람마다 가지고 있는 첫인상 이미지가 있다. 첫인상은 내·외적인 이미지가 포함되어 결정지어진다고 할 수 있는데, 말하지 않는 상황에서는 외적 이미지가 첫인상의 전체를 결정짓는다고 하여도 과언이 아니다. 퍼스널컬러 진단을 위해 찾아온 고객들의 90% 이상은 자신의 인상이 불만스러워 이미지를 바꾸고 싶다는 의도보다는 흥미 위주며, 컨설팅을 통해 좀 더 아름다워지고 싶은 의도가 많았다. 하지만 자신의 외적 이미지로 인해 대인관계가 원만하지 않고, 자신의 의도와는 다르게 첫인상이 결정지어지는 고객들도 있었다. 가령 자신의 나이는 30세인데 외적인 이미지를 40세 이상으로 보이는 사람, 성격은 매우 온순하나 강한 이미지로 보이는 사람, 늘 어디 아프냐는 말을 듣는 사람 등이 있겠다. 이런 사람들도 퍼스널컬러 진단을 통해서 변화할 수 있을까? 물론 가능하다. 퍼스널컬러는 그 사람이 가지고 있는 신체 색에서 가장 안정적인 컬러를 찾아 편안해 보이고 긍정적 인상을 보일 수 있는 역할을 하기 때문이다. 신체 색이라는 것은 무엇일까? 부모로부터 물려받은 신체 색으로 헤어 컬러, 피부톤, 눈동자(홍채) 색, 입술 색 등을 말하는 것이다. 우리는 이제 이 챕터를 통해서 신체 색을 이해하고 그것을 비교 분석하여 나의 베스트 컬러와 워스트 컬러를 결정짓는 데 도움이 될 것이다. 또한 베스트 컬러를 활용하는 배색 기법과 워스트 컬러를 활용하는 배색 기법까지 익히게 될 것이다.

(2) 컬러가 가진 이미지

퍼스널컬러를 이야기하기 전에 색에 대한 이야기를 하고자 한다.

색은 우리의 일상과 아주 밀접하게 관계하고 있다. 2002년 월드컵을 기억하고 있거나 알고 있는가? 이때 '붉은 악마'라는 응원단이 화제였는데 그들의 파이팅 넘치는 응원과 붉은색을 보면 열정을 떠올릴 수 있을 것이다. 장례식장에서 상주들이 입고 있는 옷의 색을 보면 경건함을 느낄 수 있다. 이처럼 색마다 가지고 있는 의미는 모두 다르다.

아래의 9가지의 색이 가지고 있는 의미를 한번 알아보자.

RED – 열정, 자신감, 흥분, 자극적, 사랑

ORANGE – 사교적, 즐거움, 따뜻함, 재미있는

YELLOW – 귀여움, 행복, 친절, 긍정적, 지적인

GREEN – 평화, 안정, 자연, 희망

BLUE – 신뢰, 성실, 평화, 시원한

PURPLE – 신비, 창의적, 예술적, 우아한

PINK – 여성스러운, 부드러운, 사랑

WHITE – 순수, 깨끗, 정직

BLACK – 어둠, 권위, 슬픔, 경건함

2) 색의 특성

(1) 빛의 이해

퍼스널컬러를 진단하면서 느낀 점은 의외로 많은 사람들이 색을 구분할 수 없다는 것이다. 퍼스널컬러를 알기 전에 색의 원리를 먼저 이해했으면 한다. 같은 색이라도 어떤 공간에 있느냐에 따라 달라질 수 있다. 예를 들어 캄캄한 방에 붉은색의 사과가 있다고 하자. 그 사과가 과연 붉게 보일 수 있겠는가? 방 안에 불이 켜진다면 붉은색의

사과가 보이고 그 색은 붉다고 이야기 할 수 있겠다. 색을 보기 위해서는 빛이 필요하고 보려 하는 눈도 필요하며 사과라는 물체가 필요하다. 빛, 시각, 사물이 있어야 색을 볼 수 있다.

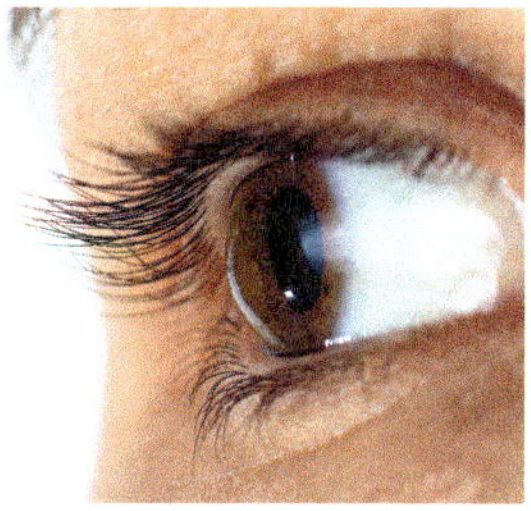

퍼스널컬러를 진단함에 있어 가장 영향을 미치는 것은 빛이라고 할 수 있다. 한창 SNS를 뜨겁게 달구던 파검, 흰금 드레스를 기억하는가? 드레스는 원래 파랑과 검정으로 된 드레스이나 빛에 의해서 흰색과 금색으로 보인 것이다.

빛의 현상에는 여러 가지가 있다. 빛이 물체의 표면에 비출 때 반사, 흡수, 투과했는지에 따라 여러 가지 색채 현상이 나타난다. 같은 물체를 봐도 빛에 따라서 뇌에서 인지하는 색은 다를 수 있다는 것이다.

우리의 신체 색을 보는 것도 사람을 물체라고 봤을 때 물체에 대해 빛이 작용한다.

그러므로 퍼스널컬러 진단에 있어 빛은 굉장히 중요하다. 자연광에서 진단할 경우 붉은 해가 넘어가는 시간은 안 된다. 봄, 여름일 경우 오후 6시 이후, 가을과 겨울은 4~5시 이후에는 정확한 진단이 어렵다. 조명을 활용할 경우 4,000~5,000K 온도의 주백색의 조명이 가장 적당하다. 이것은 여러 환경에서 진단해 본 결과로 얻은 것이므로 신뢰성이 매우 높다고 할 수 있다.

(2) 색의 이해

당신은 어떤 색을 좋아하십니까?

퍼스널컬러 진단을 하기 전 고객에게 많이 물어보는 질문이다. 많은 사람이 좋아하는 색을 검정, 회색, 흰색이라고 말한다.

색상은 물체에 반사되는 빛의 파장에 따라 구분된다. 유채색과 무채색으로 나눌 수 있다. 앞서 말한 검정, 회색, 흰색은 무채색에 해당하며, 나머지는 유채색이라고 할 수 있다.

유채색은 모든 다른 색상을 가지고 있어 선명도로 구분한다. 스펙트럼에 나타난 7가지 색으로 구분되어 그 온도감에 따라 난색과 한색으로 분류한다.

무채색 유채색

난색 한색

(3) 색의 3속성

색채를 이해하는 데 가장 기본적인 것이 바로 색의 3속성이다. 우리는 색을 표현할 때 흔히 빨간색, 노란색, 밝은색, 어두운색, 연한 색, 진한 색, 옅은 색, 탁한 색, 맑은 색 등의 말을 하는데 이는 색을 지각하는 데 구별되어야 할 성질, 즉 색의 3속성인 색상, 명도, 채도를 표현하는 말이다.

색상이란 스펙트럼이나 무지개에서 볼 수 있는 빨강, 주황, 노랑 등과 같은 색을 말하는 것이며, 명도는 색의 어둡고 밝기를 말하는 것, 채도는 색의 순수한 정도를 나타내는 것이다.

(4) 색채계(色彩系)의 이해

우리는 붉은 사과의 빨강을 이야기하면서 어떤 사람은 노란빛이 도는 빨강을 떠올리기도 하고 어떤 사람은 검고 짙은 빨강을 떠올리기도 할 것이다.

이것은 누가 잘못 이야기했다고 하기보다는 색의 대한 경험의 차이라고 할 수 있다.

이런 다양한 색을 객관적으로 보기 위해서는 기준점이 중요하다. 이 기준점을 체계화한 것이 색채시스템이다. 색채시스템은 크게 먼셀, 오스트발트, NCS, CIE 이렇게 4가지로 나누어져 있다. 한국에도 KS 색채계라는 것이 있다. 한국의 KS 색채계는 먼셀 색채계를 기본으로 하고 있다. 여러 색채계 중 먼셀 색채계에 대해서 알아보자.

먼셀의 색채계

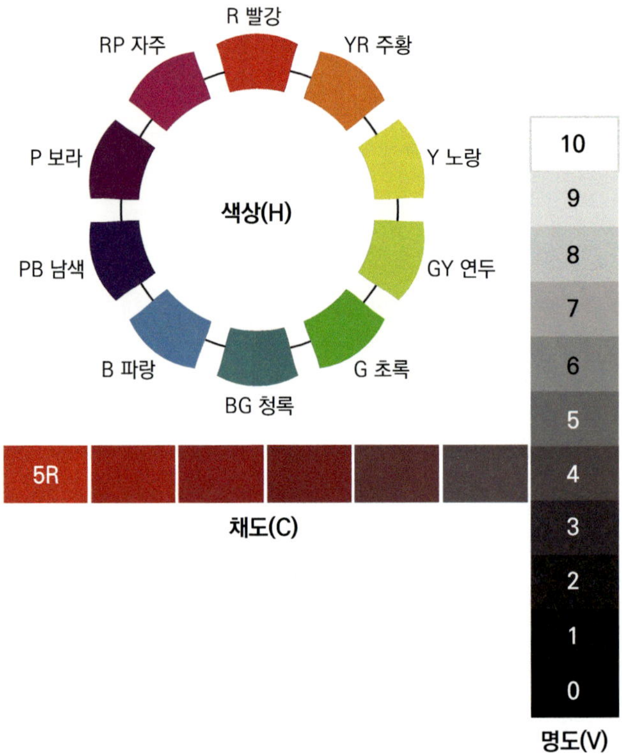

출처 : 네이버지식백과

먼셀의 표색계

표색계가 필요한 이유는 인간의 눈으로 구별할 수 있는 색의 수는 200만 개 정도라고 한다. 이렇게 많은 색들에 색명을 붙이고 수를 나누는 것은 굉장히 어려운 일이다. 색을 정확하게 관리하기 위해서 과학적인 표색방법을 사용하고 있다.

그중 가장 대표적인 것이 바로 먼셀의 표색계이다. 미국의 화가인 앨버트 먼셀(Albert H. Munsell)이 그의 저서를 통해 발표한 색 체계 이론이다. 먼셀의 표색계는 인간의 심리적 지각을 반영한 직관적인 색 분류법이다.

먼셀의 색상환(20색)

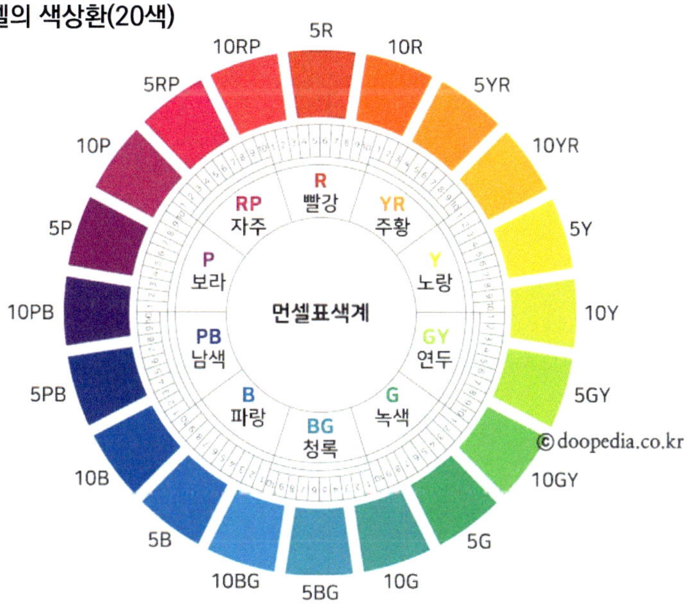

출처 : 네이버지식백과

먼셀의 색상 기본 구조는 R(빨강), Y(노랑), G(초록), B(파랑), P(보라)의 다섯 가지 색을 같은 간격으로 배치하고, 그 사이에 YR(주황), GY(연두), BG(청록), PB(남색), RP(자주)를 배치해 총 10색으로 분할하여 색상환에 배치한다. 이 10가지 색은 다시 10단계로 등분해 1에서 10까지의 번호를 매기며, 5는 중간단계이자 해당 색의 표준으로 정한다.

총 100가지 색상환이 되도록 한 것이 바로 먼셀의 100가지 색 표기이다.

(5) 탁한 색과 맑은 색

퍼스널컬러에 색의 3속성만큼 중요한 속성이 있다. 색조에 따라 색은 순색, 청색, 탁색이 있다. 채도가 높은 맑은 색을 청색(靑色, clear color), 탁하거나 선명하지 못한 흐린 색을 탁색(濁色, dull color)이라고 한다. 청색 중 흰색, 회색, 검은색이 섞이지 않아 채도가 가장 높은 색을 순색이라고 한다.

순색은 한 색상 중에서 채도가 가장 높은 색으로, 색상환에 배열된 가장 기본이 되는 색을 말한다.

청색

탁색

2 색채의 특성

1) 색채의 감정

(1) 색상의 온도

길거리에 간판을 보면 멀리서도 잘 보이게끔 붉은색이나 노란색으로 된 간판을 많이 볼 수 있다. 장파장 색은 붉은색이나 황색이 섞인 색을 말한다. 이러한 색은 따뜻하게 느껴지는 색이므로 난(暖)색이라고 한다. 단파장 색은 푸른색과 보라색이 섞인 색을 말한다. 파장이 짧은 쪽은 차갑게 느껴지므로 한색 계열이다. 중파장 쪽에서 따뜻하기도하고 차갑기도 한 색을 중성색이라고 한다. 색의 온도감은 색상에 의해 강하게 느껴지기도 하지만, 명도나 채도에 의해서도 느껴진다. 명도는 색의 밝기를 의미하고 채도는 색의 선명함을 의미한다.

명도가 높을수록 차갑고, 명도가 낮을수록 따뜻하게 느껴진다. 반면에 채도가 높을수록 따뜻하며, 채도가 낮을수록 차갑게 느껴진다.

(2) 진출색과 후퇴색

같은 거리에 위치한 물체라도 색에 따라서 거리감이 다르게 느껴지기도 한다. 실제보다 가까이 있는 것처럼 앞으로 나와 보이는 색을 진출색, 뒤에 있는 것처럼 보이는 색을 후퇴색이라고 한다. 진출색은 따뜻한 색인 난색 계열의 색, 명도가 높은 색, 채도가 높은 색이 진출하는 느낌을 준다. 뿐만 아니라 배경색이 있을 경우는 배경색과 명도 차가 큰 밝은색도 진출해 보인다.

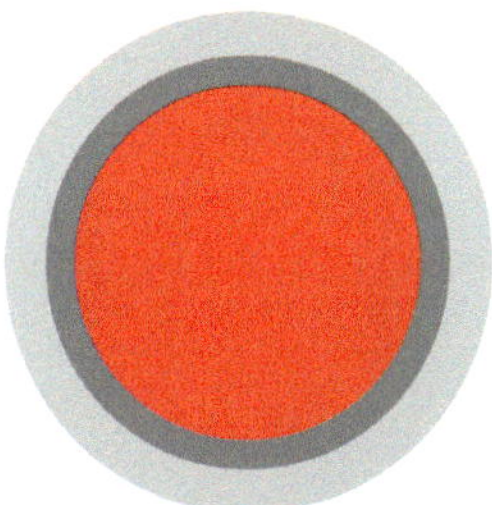

진출색

후퇴색

(3) 팽창색과 수축색

같은 모양의 면적이라도 색에 따라 크기가 달라지는데 이것을 색의 팽창과 수축 효과라고 한다. 실제 크기보다 크게 보이는 것을 팽창색이라고 하고 작게 보이는 것을 수축색이라고 한다. 고명도의 색일수록 팽창되어 보이고, 저명도일수록 수축하여 보인다. 난색이 한색보다 팽창되어 보인다.

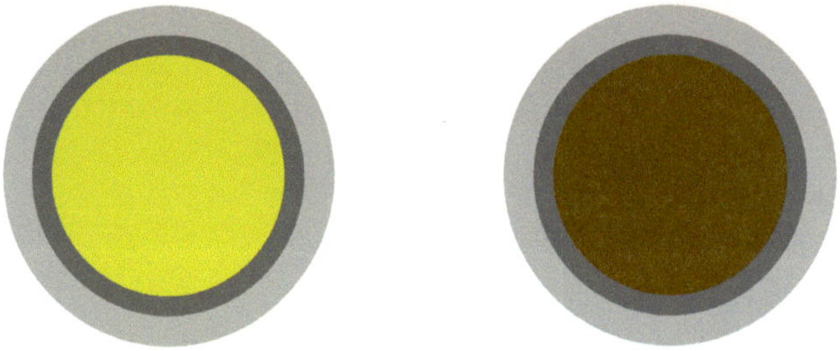

팽창색　　　　수축색

(4) 색채의 중량감

같은 형태의 크기라도 색에 따라 가벼워 보이기도, 무거워 보이기도 한다. 색의 3속성 중에 명도가 중량감에 영향을 많이 미치는데 고명도의 색일수록 가벼워 보이고, 저명도의 색일수록 무거워 보이는 현상을 나타낸다.

무거워보이는 가방　　　　가벼워보이는 가방

(5) 흥분색과 침정색

흥분색은 사람의 뇌를 거쳐 신경을 자극하는데 난색 계열의 고채도 색이 흥분작용을 일으킨다. 반면에 한색계열의 저채도 색은 신경을 진정시키는 작용을 한다.

흥분색

침정색

3 색채의 지각적 특성

1) 동시대비

두 가지 이상의 색을 이웃하여 놓고 동시에 볼 때 이웃된 색의 영향으로 본래의 색과 다르게 보이는 현상을 색채심리에 의한 대비현상이라고 한다.

(1) 색상대비

빨간색 위에 노랑과 초록색 위의 노랑을 비교했을 때 빨간색 위의 노랑이 좀 더 초록색에 가까운 노랑으로 보이는 것을 느껴진다. 이것은 색상이 다른 색을 인접해놓았을 때 서로의 색의 영향으로 본래의 색과 차이가 나는 현상이다. 이것은 1차색끼리 잘 나타나며, 2차색과 3차색이 될수록 색상대비 효과는 적게 나타난다.

(2) 명도대비

아래의 회색은 같은 회색이다. 하지만 검은 바탕 위에 놓인 회색은 흰색 바탕 위에 놓인 회색보다 밝아 보인다. 이와 같은 현상은 명도 대비현상으로 명도가 다른 두 색을 인접하게 두거나 배색하였을 때, 밝은색은 더욱 밝게, 어두운색은 더욱더 어둡게 보이게 하기 때문이다.

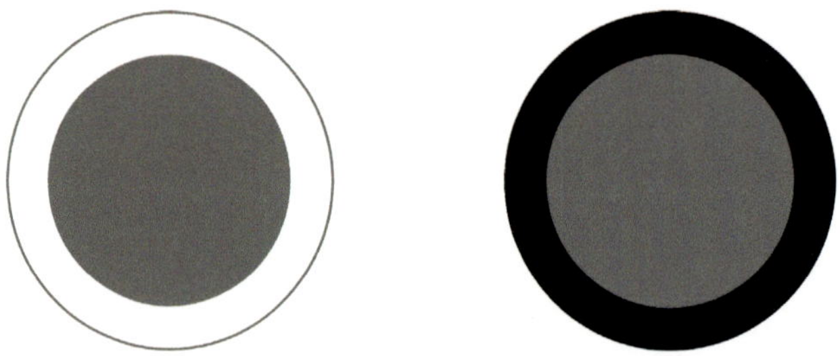

(3) 채도대비

같은 색이지만 회색 바탕의 빨강이 더 선명해 보이는 이유는 채도가 다른 두 색을 대비시켰을 때 서로 다른 두 색의 영향으로 색이 더 선명해 보이거나 탁해 보이기 때문이다.

배경색의 채도가 더 높을수록 저채도 색은 더욱 탁해 보이며, 같은 색이라도 무채색과 함께 대비될 경우 채도가 더 높고 선명하게 보인다. 채도의 차이가 클수록 대비 효과도 커진다.

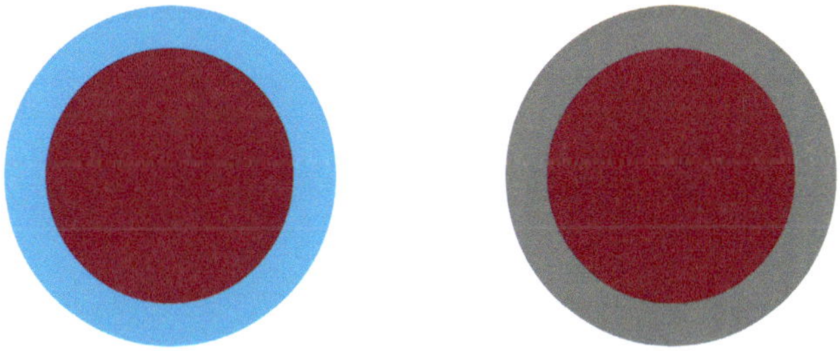

(4) 보색대비

보색 관계에 있는 색을 나란히 두고 보았을 때, 서로의 영향으로 인해 각각의 색이 보다 강렬하고 선명해 보이는 현상이다.

(5) 연변대비

두 색이 인접해 있을 때 동일한 색상에 대한 색의 대비로, 면적이 넓으면 명도와 채도가 높아 선명해 보이고, 면적이 작으면 명도와 채도가 상대적으로 낮아 보이는 현상이다. 면적대비는 벽면과 같이 큰 면적의 색상을 선택할 때 염두에 두어야 하는 사항으로, 작은 견본만 보고 결정해야 할 경우 원하는 색상보다 약간 어둡고 탁한 색을 골라야 더욱 정확한 색 선택이 가능하다. 무채색 그러데이션 안에서 A의 양쪽 경계선 [가] [나]를 비교했을 때 채도가 낮은 경계선 쪽의 [나]가 더욱더 어두워 보인다.

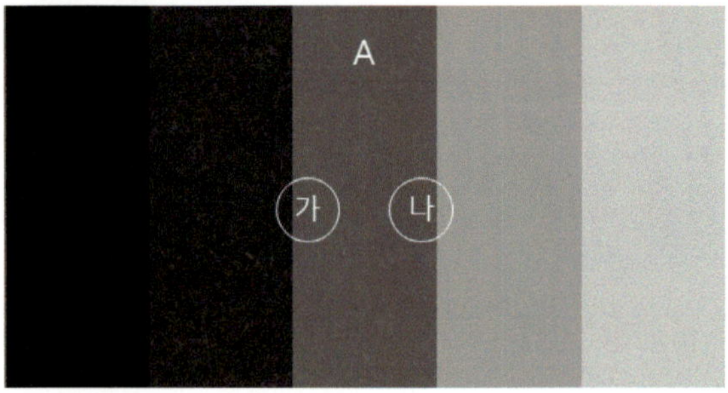

(6) 면적대비

같은 핑크색의 사각형이지만 면적의 차이로 색이 다르게 느껴진다. 면적이 넓은 사각형의 핑크색은 명도와 채도가 높아 선명해 보이고, 면적이 작은 사각형의 핑크는 명도와 채도가 상대적으로 낮아 보이는 현상이다.

(7) 한난대비

차가운 계통의 색(한색)과 따뜻한 계통의 색(난색)이 함께 있을 때 한색은 더 차게, 난색은 더욱더 따뜻하게 느껴지는 색의 대비현상을 말한다.

2) 색의 동화

서로 다른 두 색이 인접했을 때 서로의 영향을 받아 인접 색에 가까운 색으로 보이는 것이다. 이것은 점이나 선의 크기와 밀접한 관계가 있는데 가까이서 보면 점들로 이루어진 면적이나 멀리서 보면 배경과 혼합되어 보인다.

(1) 색상동화

같은 배경색 위에 다른 색의 같은 문양을 배치하였더니 왼쪽에서는 보라색이 붉은 보라색으로 보이고 오른쪽에서는 푸른 보라색으로 보인다. 각각의 색상이 배경색에 동화되어 그와 유사한 성질을 띠게 되는 현상이다.

(2) 명도동화

배경색과 문양이 서로 혼합되어 명도의 변화가 보이는 동화현상이다. 회색의 배경 위에 하양 빗금과 검정 빗금의 문양을 각각 배치했을 때 하양 빗금문양이 있는 회색은 하양 빗금과 동화되어 밝은 회색으로 보이며 검정 빗금문양이 있는 회색은 어두운 회색으로 보인다.

(3) 채도동화

배경색과 문양이 혼합되어 채도의 변화가 보이는 현상이다. 왼쪽 문양 배경은 중채도의 빨강이며 문양 색은 고채도의 빨강 빗금이다. 배경색과 빗금이 혼합되어 원래의 배경색인 중채도의 빨강보다 채도가 높게 보여 더 선명하게 보인다. 반면에 오른쪽의 그림처럼 문양 선이 회색일 경우 왼쪽과 같은 중채도의 빨강 배경이 회색과 동화되어 채도가 낮게 보인다.

Chapter 10

12가지 Tone 분류와 Tone의 이미지

1. 톤의 종류

1 톤의 종류

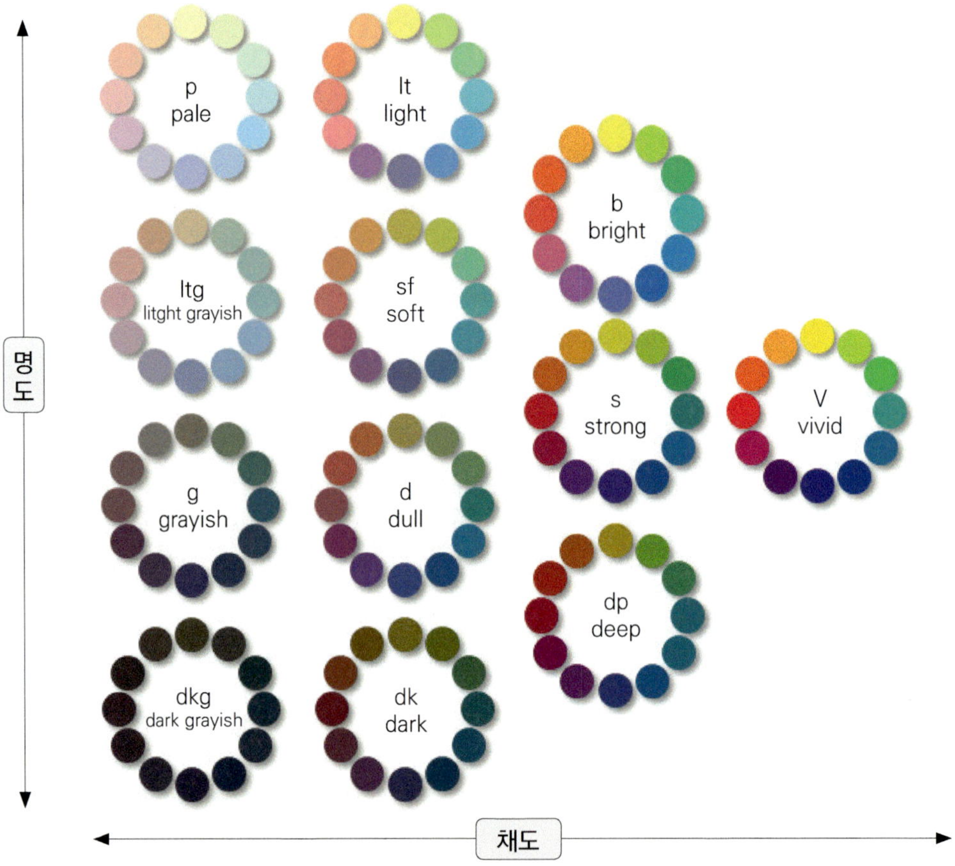
p
pale
lt
light
b
bright
ltg
litght grayish
sf
soft
s
strong
V
vivid
g
grayish
d
dull
dp
deep
dkg
dark grayish
dk
dark
명도
채도

1) 비비드톤

색조분류에 있어서 가장 기본이 되는 색 영역으로 매우 화려하고 강렬한 이미지

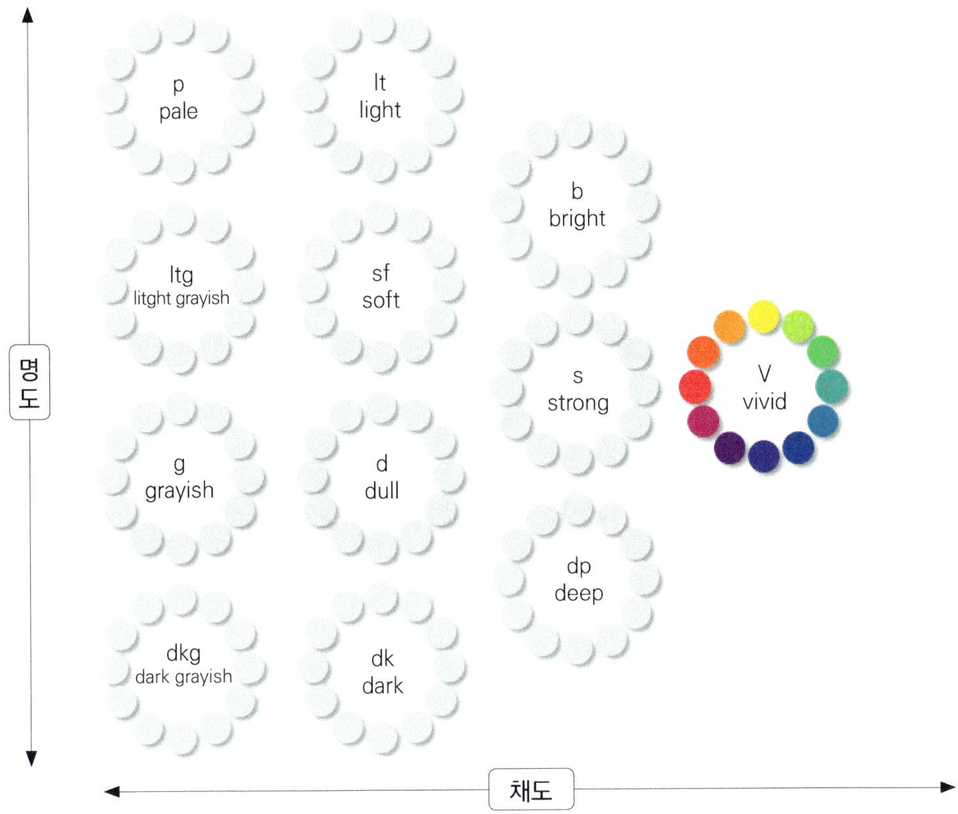

2) 스트롱톤

비비드에서 회색이 약간 섞인 색으로 강렬하고 볼드한 색으로 시크하고 매니시한 느낌의 이미지

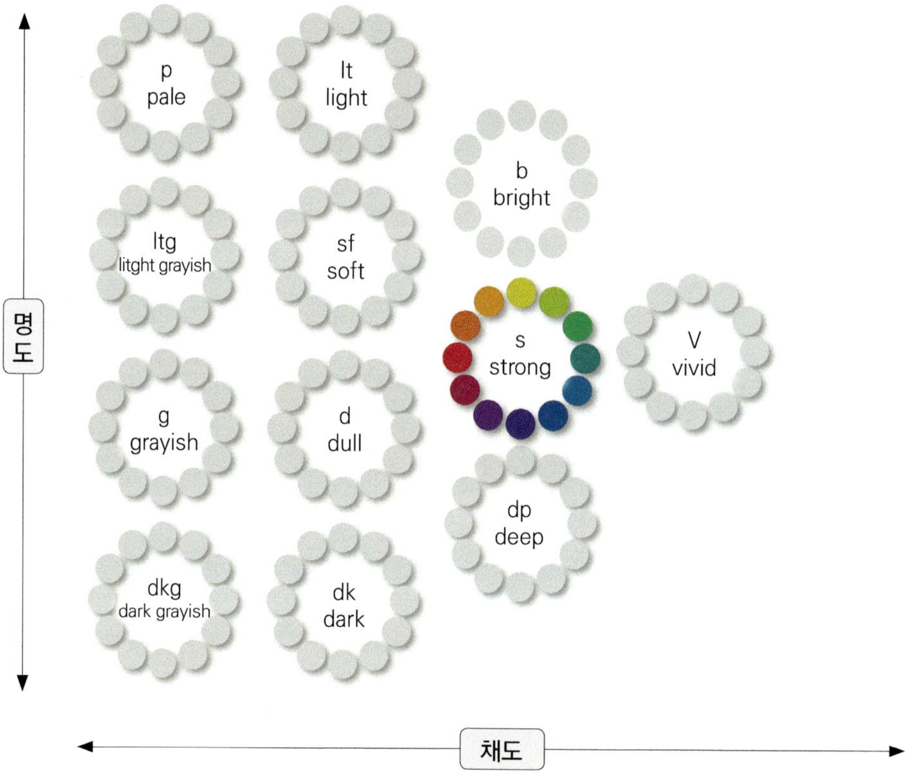

3) 브라이트톤

고명도 고채도의 선명한 색상이며, 밝고 경쾌하며 귀여운 이미지

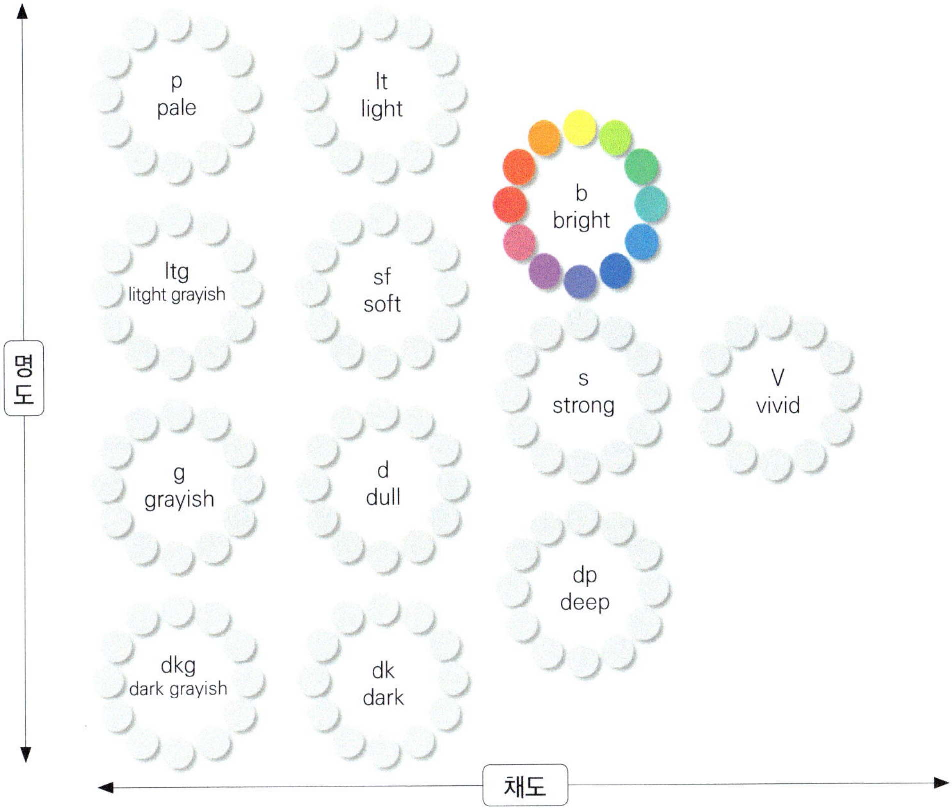

4) 라이트톤

고명도 중채도의 색상으로 가볍고 경쾌하며 귀여운 이미지

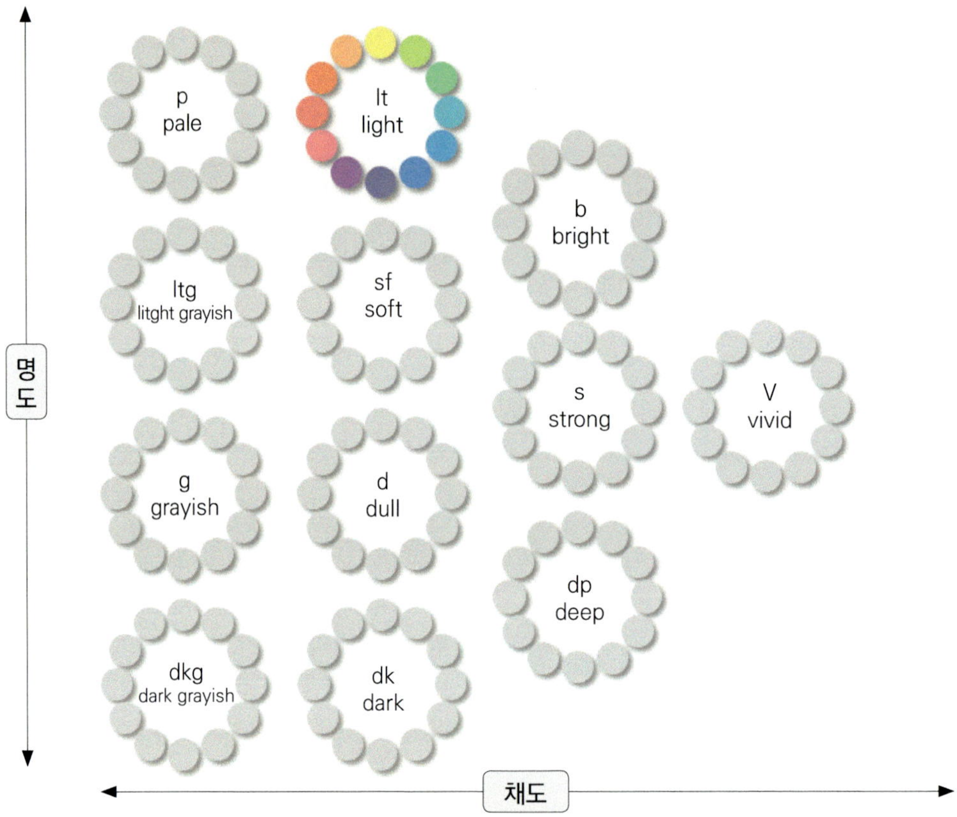

5) 페일톤

색조분류에 있어서 가장 약한색이며 깨끗하면서 연약한 이미지

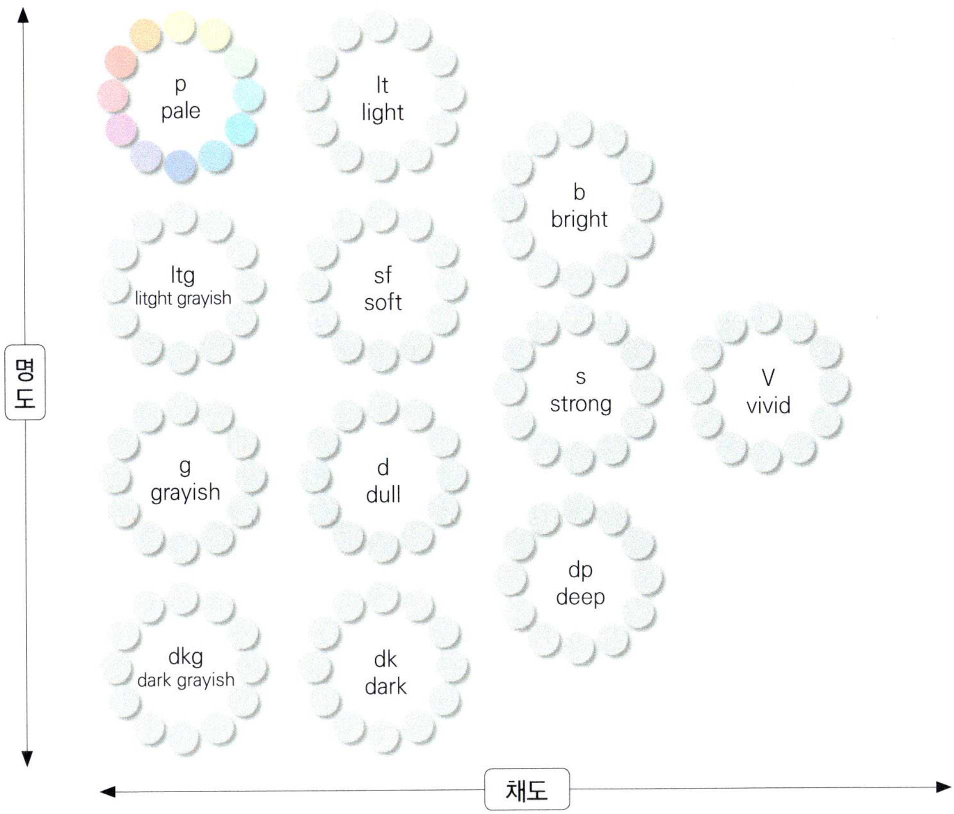

6) 라이트그레이시톤

그레이시하지만, 밝은 느낌을 갖는 영역으로 안정감을 느끼게하고 은근 세련된 이미지

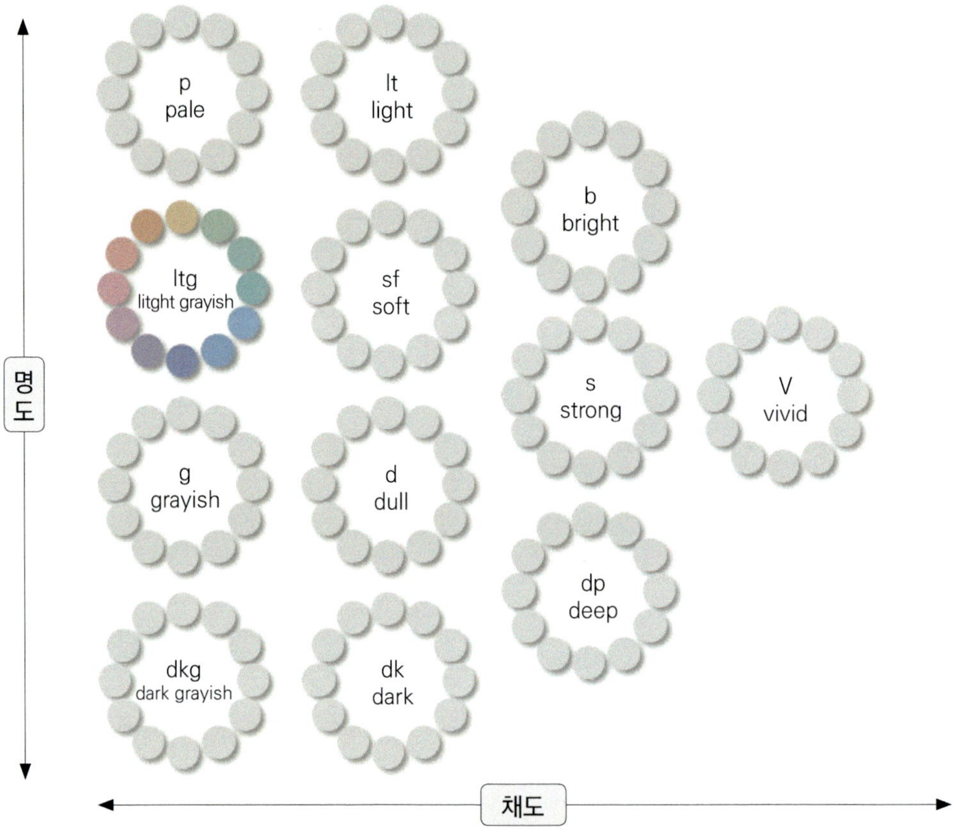

7) 소프트톤

중명도, 중채도의 전체적으로 부드러운 느낌, 안정적이고 부드러우며 편안한 이미지

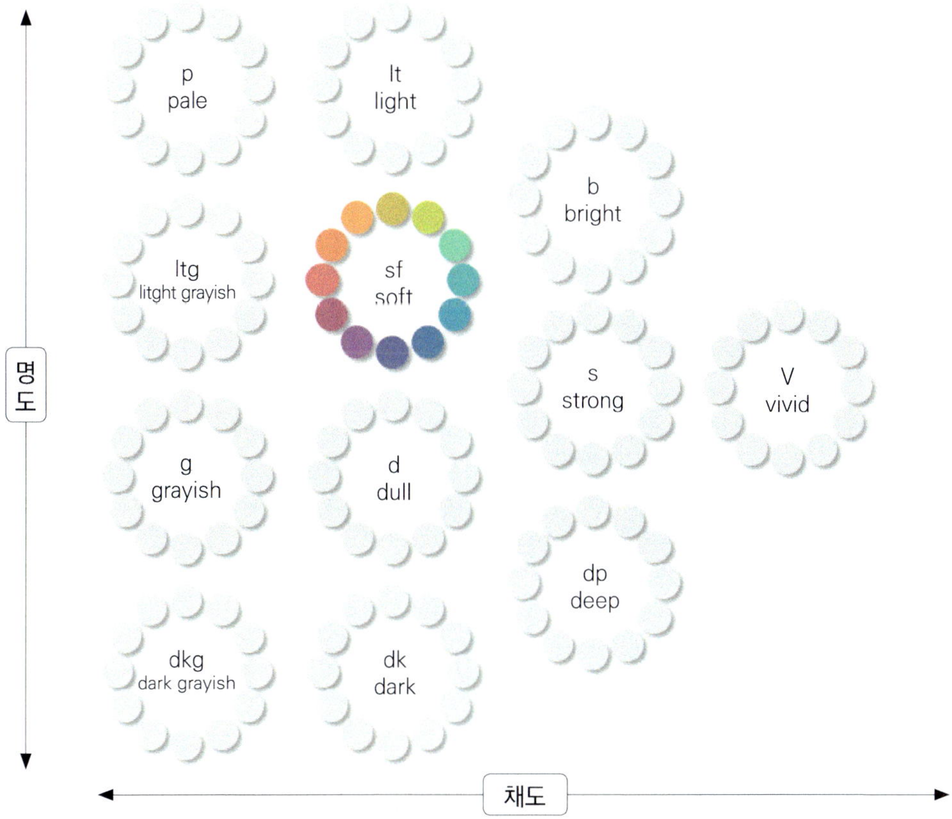

8) 그레이시톤

저채도의 색상으로 색상의 느낌이 매우 약함. 안정적이고 품위있는 이미지

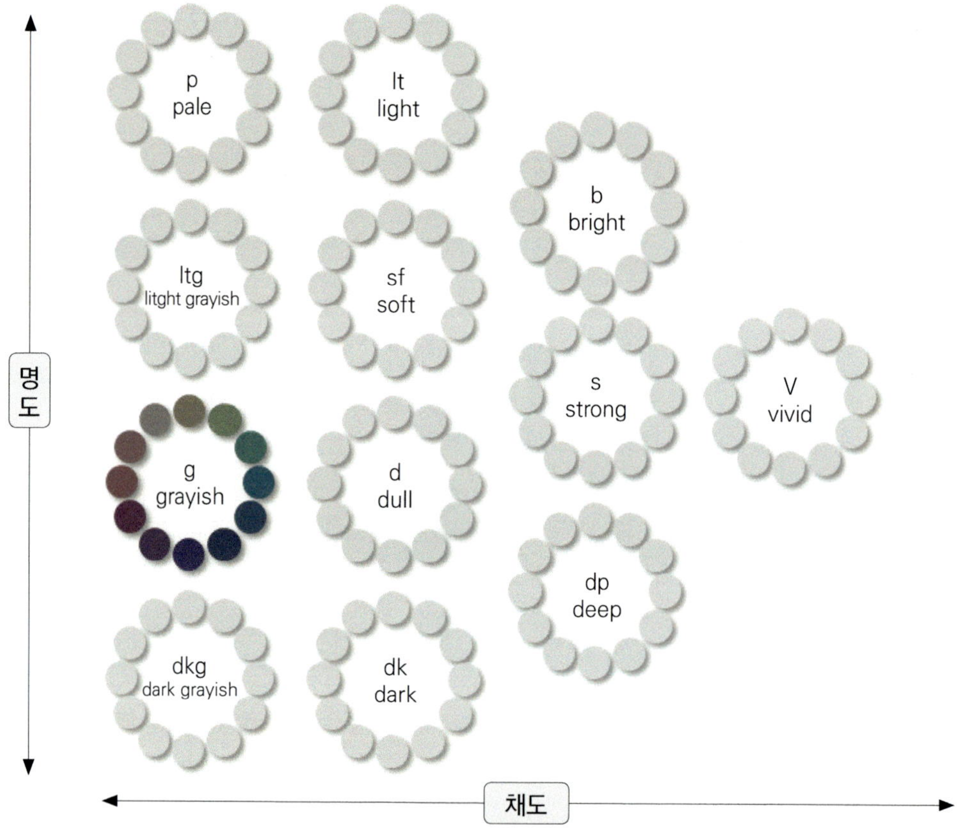

9) 덜톤

전체적으로 탁한 느낌으로 차분하고 고상한 이미지

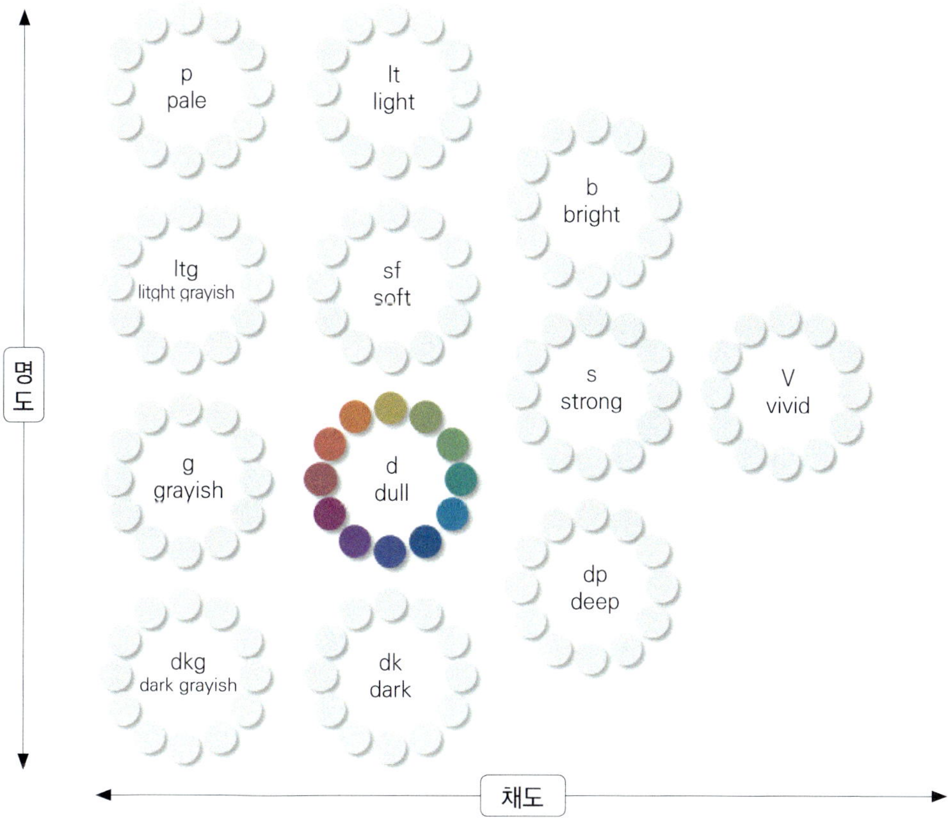

10) 딥톤

선명한 색조에 비해 명도가 낮아 안정적이며, 강하지만 고풍스러운 이미지

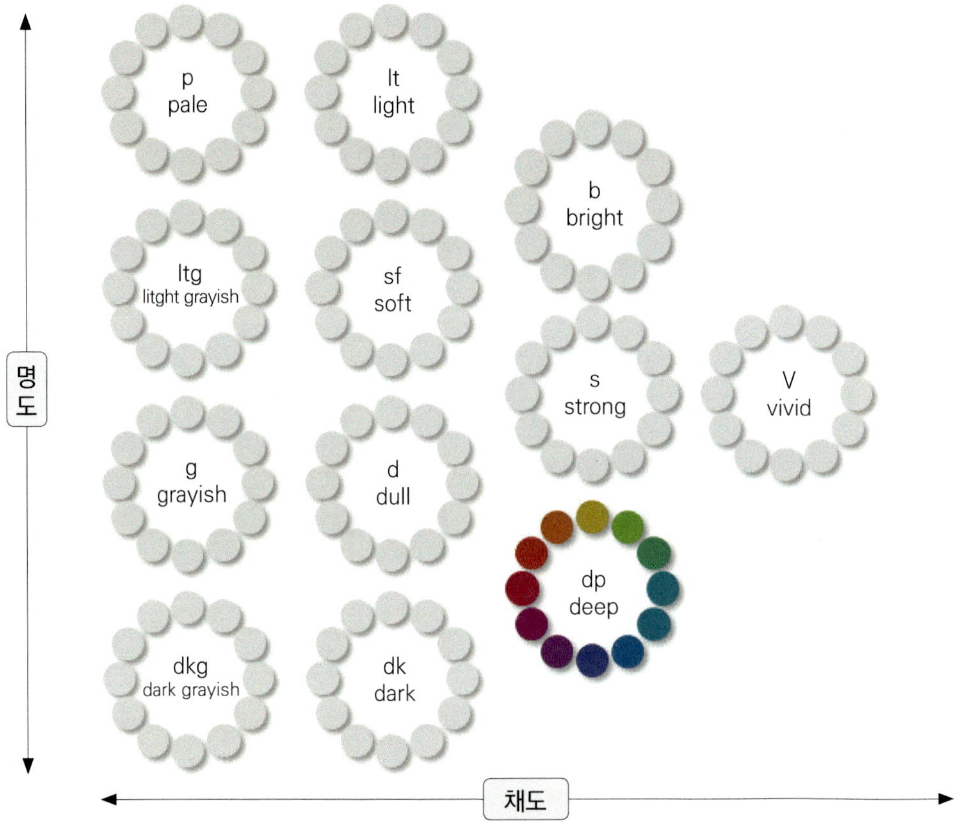

11) 다크톤

명도가 낮은 색의 영역으로 무게감이 있고 어두운 느낌, 원숙하고 중후한 이미지

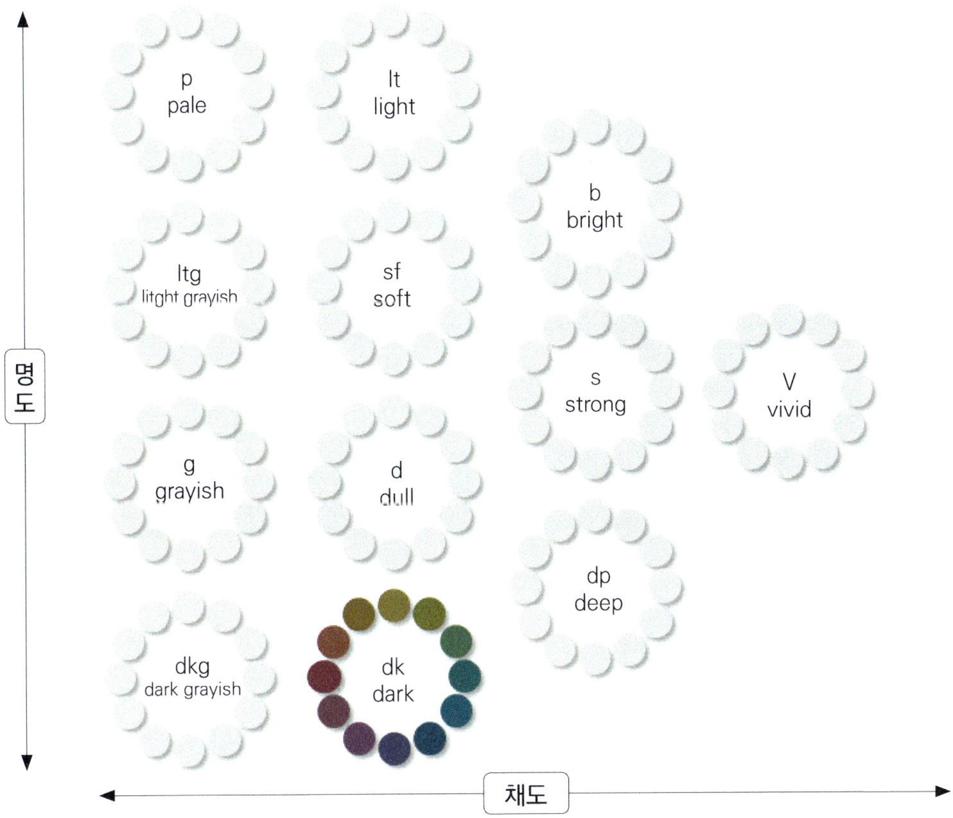

12) 다크그레이시톤

저명도 저채도, 전체 색조영역 중 가장 어둡다. 무겁고, 어두운 이미지 색상 구별이 없을 만큼 검은 빛을 띤다.

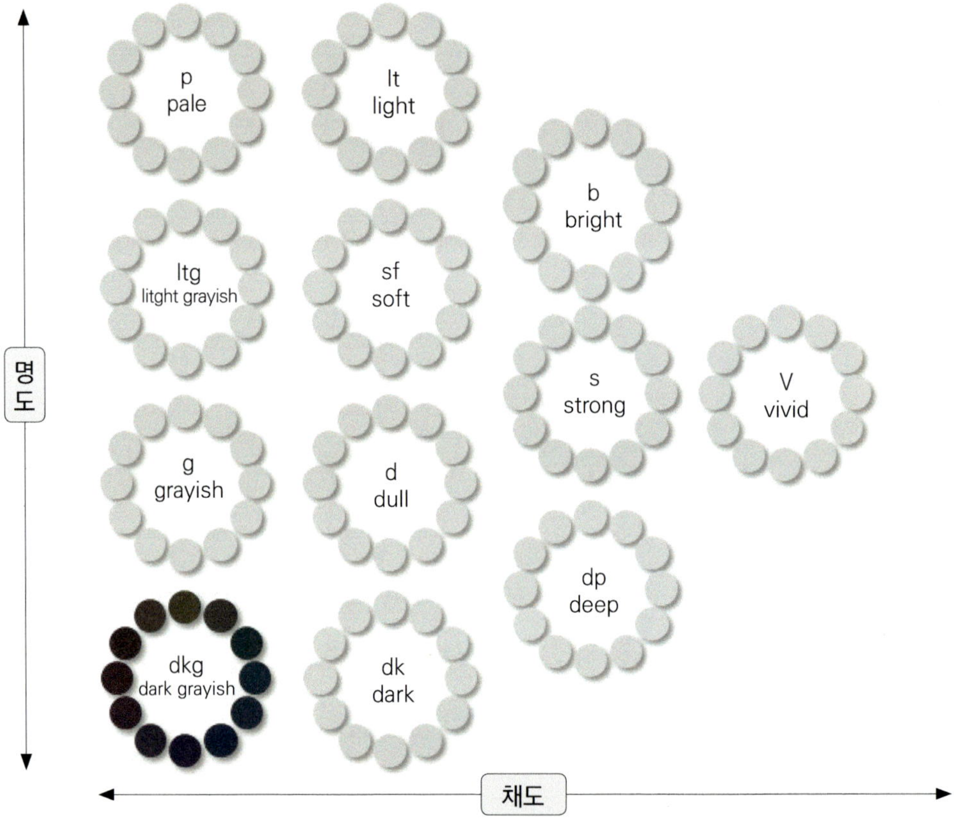

Chapter 11

색의 배색기법

색을 활용하는 곳에서는 배색이 굉장히 중요하다. 인테리어, 광고, 패션 등에서 알 수 있듯이 한 가지 색으로 디자인하지 않는다. 제품의 메인 색이 어떤 색과 배색되느냐에 따라서 메인 색이 돋보일 수도 있고, 칙칙해 보일 수도 있다. 배색하는 컬러를 어떤 면적으로 배색하느냐에 따라서도 다르게 보인다. 배색기법에 따라서 같은 색으로도 다른 이미지를 연출할 수 있다.

1) 동일색상 배색

같은 색상을 이용한 배색으로 톤의 차이를 두어 배색하는 방법이다. 동일 색상의 배색은 정적이며, 차분한 이미지를 연출할 수 있다.

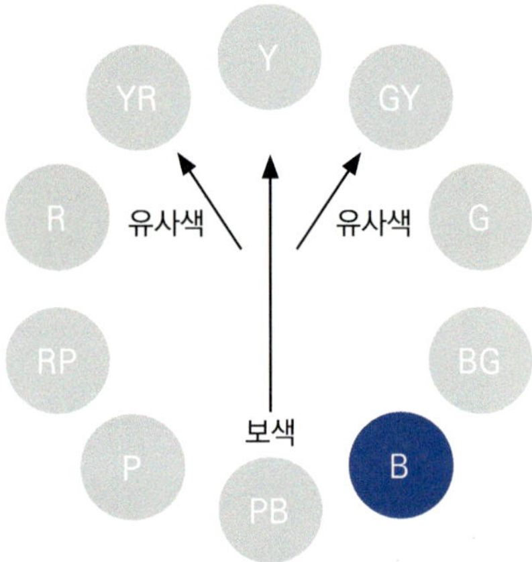

2) 유사색상 배색

인접한 색상과 배색이다. 부드럽고 자연스러운 이미지 연출이 가능하다.

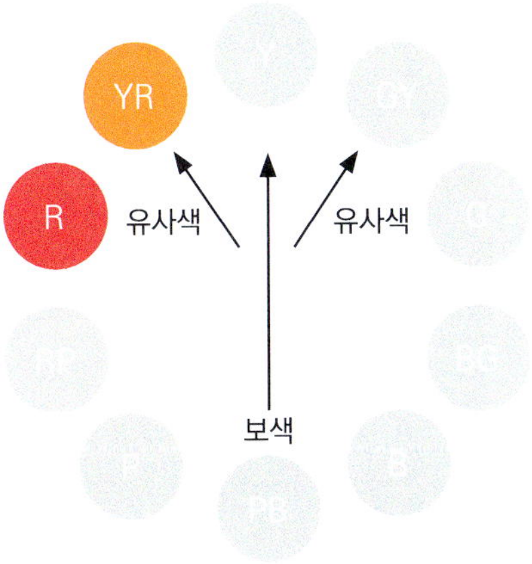

3) 보색 배색

서로 180도 대각선을 이루는 색상의 배색 기법으로 활동적이며 화려하고 자극적인 느낌을 준다.

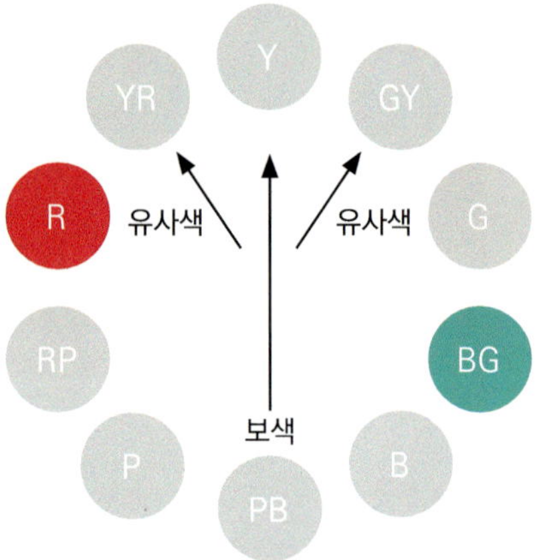

4) 톤온톤 배색

동일 색상에서 명도차를 크게 둔 배색이다. 부드럽고 안정적이며 통일성 있어 보이는 효과를 낼 수 있다.

5) 톤인톤 배색

톤의 느낌은 일정하게 유지하면서 유사한 색상으로 배색하는 것이다. 톤이 동일하므로 안정적 느낌을 주는데 어떤 톤을 사용했느냐에 따라 강하면서 부드러운 느낌, 밝고 활발한 느낌을 연출할 수 있다.

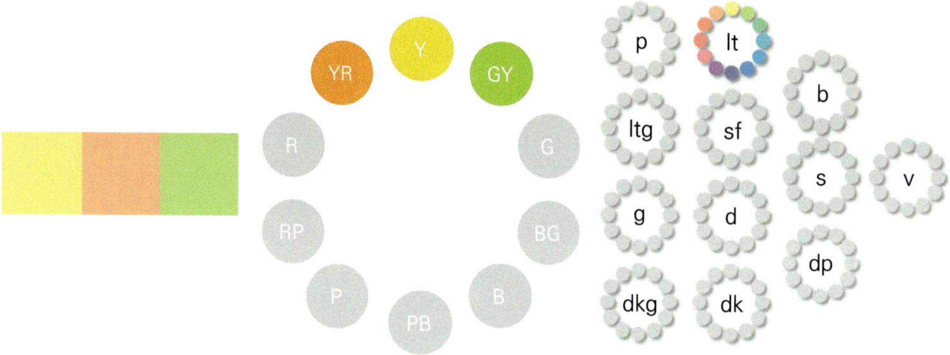

6) 토널 배색

중명도, 중채도의 dull톤의 사용하는 배색이다. 안정되고 편안하며 수수한 이미지의 연출이 가능하다.

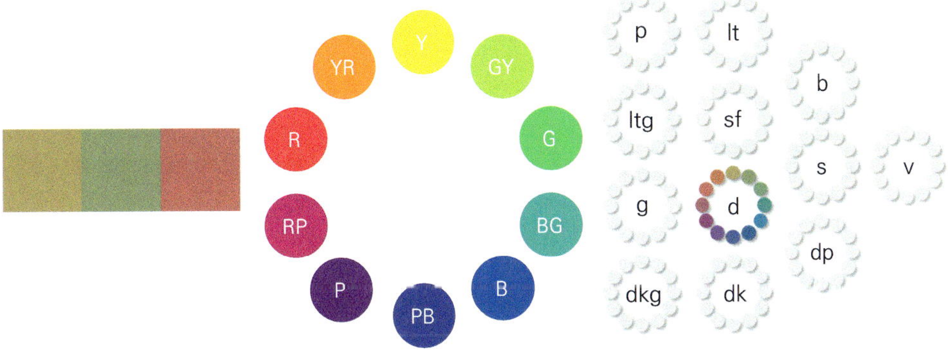

7) 액센트 배색

기존의 색과 대조되거나 반대되는 색을 사용하여 적극적이고 활기찬 이미지의 연출을 하는 배색이다.

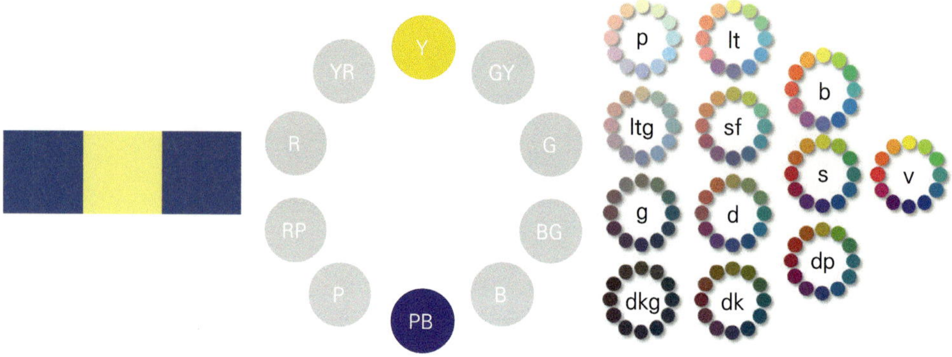

Chapter 12

퍼스널컬러와 이미지

1. WARM과 COOL의 이해
2. 사계절에 따른 퍼스널컬러의 분류

퍼스널컬러는 색채조화론에 근거하여 만들어진 것이다.

색채조화는 고대 그리스 철학자들의 여러 가설을 기본으로, 뉴턴이나 괴테의 근대 색채학에서 시작하였으며, 색채 조화론이 본격적으로 연구된 것은 1835년에 발표된 슈브럴의 배색 조화론을 시작으로 그 후 많은 학자들의 여러 설이 발표되었으나, 금세기에 들어서 먼셀이나 오스트발트에 의하여 색채계로서 실제로 나타나기 시작하면서부터라고 할 수 있다.

이렇게 퍼스널컬러 색 이론은 자연과학자 루드, 스위스 화가 요하네스 이텐, 색채학자 비렌 등의 색채조화 이론이 바탕이 되어 만들어졌다.

1 WARM과 COOL의 이해

퍼스널컬러의 색은 따뜻한 색인 웜톤과 차가운 색인 쿨톤으로 분류된다.

웜톤은 옐로 베이스로 모든 색상에 노란빛의 성향을 띠는 색을 말한다. 반대로 쿨톤은 블루 베이스로 모든 색상에 푸른빛의 성향을 띠는 색을 말한다.

웜톤과 쿨톤에 크게 영향을 치우치지 않는 중립적인 색인 뉴트럴톤이 존재하기도 한다.

하지만 위에서 색채조화론에 대한 것을 이야기했듯이 모든 색은 다른 색의 영향을 받기에 절대적으로 분류되는 것은 아니다.

자신에게 어울리는 4계절 컬러(봄, 여름, 가을, 겨울)를 결정하기 위해서는 따뜻한 톤이나 차가운 톤과 어울리는지 확인할 필요가 있다. WARM톤과 COOL톤을 직역하면 따뜻한 톤과 차가운 톤이라고 할 수 있다. 그러나 '차갑다'는 어휘가 부정적으로 들릴 수 있으므로 COOL톤을 때에 따라 '시원한 색'이라고 표현하겠다. 컨설팅을 거쳐간 6,000여 명의 고객 중에서 '나는 따뜻한 색을 가진 사람입니까, 차가운 색을 가진 사람입니까?'라는 질문을 하면 거의 대부분의 사람들은 따뜻한 사람이고자 하는 경우가 있었기 때문이다. 퍼스널컬러에서 따뜻하다 차갑다는 사람의 성향과는 관계가 없다. 다만 퍼스널컬러에 따라 쇼핑의 성향은 있을 것이라는 가정하에 조사 중이다. 아직 완성단계가 아니므로 다음 책에서 이 내용을 언급하기를 기대한다.

퍼스널컬러에서 웜톤은 따뜻한 색의 조합이다. 붉게 타는 석양, 뜨거운 바닷가의 물색, 탱글탱글 잘 익은 토마토와 오렌지 등을 상상해보라. 반대로 차디찬 눈보라, 꽁꽁 얼어붙은 냇가, 시원한 하늘색, 한밤의 까마득한 하늘의 색 등은 차가운 색의 조합인 쿨톤이다. 컬러의 개념을 제일 먼저 결정짓는 것은 골드와 실버라고 설명하는 책을 본 적이 있을 것이다. 그러나 이는 유럽의 저자가 쓴 책이다. 한국 사람을 6,000여 명 이상 진단해 본 결과 우리의 한국 사람의 웜톤과 쿨톤을 제일 먼저 결정 짓는 것은 골드와 실버가 아니라고 말하겠다. 물론 실버가 어울리는 사람이 쿨톤일 확률이 높다. 하지만 웜톤이지만 명도가 높은 사람은 실버가 어울리기도 했기 때문이다. 드레이프를 통해서 상세하게 진단해야만 알 수 있다.

1) WARM톤 색의 특징

RED - 오렌지 빛이 도는 레드로 다홍색, 선홍색, 토마토레드색이 된다.

ORANGE - 빨강과 노랑의 혼합색으로 레드 오렌지색, 당근색, 주황색, 귤색, 대추색, 구리색, 적갈색으로 웜톤에만 해당되는 색이다.

YELLOW - 원색의 노랑은 봄의 대표색으로 해바라기색, 개나리색, 병아리색, 바나나색, 겨자색, 황토색, 호박색, 계란색 등의 색이다.

GREEN - 노랑과 초록의 혼합색으로 노랑색이 많을수록 따뜻한 색이며, 연두색, 멜론색, 청포도색, 올리브색, 풀색, 참다래색, 황녹색 등의 색이다.

BLUE - 파랑에 노랑이 혼합된 색으로 밝은 파랑, 시안, 물색, 틸블루 등의 색이다.

PURPLE - 빨강과 파랑의 혼합색인 보라에 노랑이 가미된 색이다.

PINK - 따뜻한 빨강과 하양의 혼합색으로 노랑이 가미된 색으로 복숭아색, 연어색, 코랄색 등의 색이다.

2) COOL톤 색의 특징

RED - 원색의 빨강에 파랑과 검정이 혼합한 색으로 플럼, 버건디, 와인색, 피색 등의 색이다.

ORANGE - 차가운 계열엔 없는 색이다.

YELLOW - 원색의 노랑에 파랑과 하양이 혼합된 레몬색이 그 대표이다.

GREEN - 파랑과 블랙이 가미된 그린은 청록색, 수박색, 에메랄드색 등의 색이다.

BLUE - 차가운 색의 대표적 색으로 검정이 혼합된 코발트블루, 남청, 인디고블루 등의 색이다.

VIOLET - 빨강과 파랑의 혼합색으로 검정이 혼합되어 좀 더 차가운 보라색이 된다.

PINK - 차가운 빨강과 하양의 혼합색으로 마젠타, 꽃분홍, 연한분홍 등의 색이다.

3) 퍼스널컬러 색의 온도감

왼쪽으로 갈수록 따뜻한 빨강이며 오른쪽으로 갈수록 차가운 빨강이 된다.

왼쪽으로 갈수록 따뜻한 초록이며 오른쪽으로 갈수록 차가운 초록이 된다.

2 사계절에 따른 퍼스널컬러의 분류

따뜻한 색의 계절인 봄과 가을은 주조색이 노란빛과 황색빛을 띠고 있으며, 차가운 색의 계절인 여름과 겨울은 주조색이 푸른빛과 검은빛, 하얀빛을 띠고 있다.

사계절 중 봄과 가을은 따뜻한 색, 여름과 겨울은 차가운 색으로 구분한다.

1) 퍼스널컬러의 사계절 컬러 시스템

(1) Spring

출처 : 프리픽, 언스플래쉬

봄 타입의 팔레트는 계절상의 봄처럼 파릇파릇 새싹 잎처럼 노란빛이 도는 나뭇잎, 꽃잎의 색처럼 맑은 레드, 핑크, 노랑 등의 색이다.

봄의 레드는 다홍빛이 돌며 토마토색에서 홍시색의 레드라고 할 수 있다. 노랑색은 바나나색처럼 따뜻한 노랑이며, 초록색은 연두색, 멜론색이다.

핑크는 노란빛이 돌아 코럴쪽에 가까우며, 복숭아빛이 도는 핑크색이다.

봄을 연상했을 때 여러분의 머릿속에 떠오르는 그 모든 색상이 봄의 팔레트이다.

봄 팔레트

봄 브라이트 타입

봄 라이트 타입

그러면 봄의 퍼스널컬러를 가진 사람은 어떤 사람일까?

맑고 밝은색을 드레이핑 했을 때 얼굴에 생기가 돌고 피부에 빛이 나며 눈빛이 반짝이는 현상을 볼 수 있다. 피부 타입은 봄 타입의 60% 이상이 노란빛이 도는 옐로 베이스인 사람들이 많다. 물론 붉은 피부인 사람들도 봄 웜 타입이 진단되기도 한다.

봄 타입의 사람들은 어떤 옷을 입으면 좋을까?

봄 웜톤의 베이직 컬러

봄 타입의 사람들은 블랙보다는 노란빛이 도는 네이비가 잘 어울리며, 브라운, 베이지, 샌드그레이, 소프트 화이트의 컬러가 잘 어울린다.

정장을 구매할 때도 봄 웜톤의 사람들은 블랙 앤 화이트의 정장이 오히려 어두워 보이고 가까이 가기 어려운 사람처럼 보일 수 있으니 주의해야 한다. 검정을 피할 수 없다면 자신에게 잘 맞는 액세서리를 매칭하여 커버 스타일링이 가능하다.

봄 타입의 사람은 비비드톤이나 브라이트톤처럼 고채도에서 생기가 돌고 얼굴이 맑아지는 사람이 있고 라이트톤이나 페일톤의 중·저채도 고명도의 색에서 얼굴이 화사하게 비춰지는 사람들이 있다. 이런 사람들의 차이는 피부톤의 밝고 어둡고의 차이에서 오는 경우가 많다.

예를 들어 피부가 밝은 사람은 고채도에서 생기가 돌며, 중채도 고명도에서는 혈색이 없어 보이기도 한다. 반면에 피부가 어두운 편인 사람은 중채도 고명도에서 얼굴이 화사하게 보인다.

■ 봄 웜톤의 액세서리

웜톤이라고 해서 모두 노란빛의 골드 액세서리를 할 수 있는 것은 아니다. 고명도톤의 페일톤, 라이트톤은 오히려 실버 액세서리가 더 잘 어울리기도 한다. 고명도톤의 봄 타입 사람은 골드를 사용하되 골드의 도색이 강하지 않은 색을 활용하는 것이 좋다.

본인의 퍼스널컬러 계절 타입 외에 다른 계절 타입이 어울리지 않는 것은 아니다. 봄 라이트톤이 퍼스널컬러인 사람이 여름 쿨톤의 라이트톤 블루를 사용하기도 한다.

실제로 여러 가지 색의 드레이프를 대어봐야 알 수 있는 것이다.

봄 타입의 사람이 어울리지 않는 컬러를 썼을 때 대체적으로 생기는 현상은 이와 같다.

봄 타입의 사람이 가을의 탁한 색을 드레이핑 했을 때 어울리지 않는 사람들은 얼굴에 노란기가 더 많이 올라와 칙칙하게 보이고 안색이 좋아보이지 않는다. 여름 쿨톤의 맑고 밝은색을 드레이핑 했을 때에는 창백해 보여 아픈 사람처럼 보이기도 한다. 겨울 쿨톤의 어둡고 진한색을 드레이핑 했을 때 봄 타입인 사람은 피부톤에서 붉은기와 노란기를 잡아주지 못하여 어둡기까지 하는 경우를 본 적이 있다.

- COLOR - 다홍색, 토마토레드, 오렌지, 옐로그린, 아쿠아그린, 블루, 바이올렛, 브라운, 베이지, 소프트화이트
- TONE - 비비드, 브라이트, 라이트, 페일톤

(2) Summer

출처 : 프리픽, 언스플래쉬

여름 타입의 팔레트는 청아한 하늘빛, 여름 바다의 모습과도 같으며, 맑고 투명한 색상들로 구성되어 여름 라이트톤과 페일톤이 대표적이기도 하다. 여름 바다의 새벽 안개처럼 탁하지만 시원한 색의 여름 소프트, 라이트그레이시톤으로 구성된다.

여름의 레드는 브라이트톤 위치의 레드를 사용할 수 있겠다. 라즈베리색의 레드나, 맑은 수박색의 레드이다. 여름 쿨톤의 파랑은 푸른 하늘색이며, 우리가 흔히 소라색이라고 얘기하는 컬러이다. 초록은 민트색이며, 레몬 알맹이 색처럼 밝은 노란색, 라벤더 컬러 등이 여름 쿨톤의 대표적 컬러이다.

■ 여름 팔레트

여름 뮤트 타입

여름 라이트 티입

여름의 퍼스널컬러를 가진 사람들은 어떤 사람일까?

붉으면서 흰 피부톤을 가진 사람이 많으며 머리카락 색은 깊고 진한 색보다는 옅은 머리카락의 색을 가진 사람이 많다. 여름 타입의 천을 드레이핑 했을 때 맑고 청아한 느낌으로 퓨어하게 표현되는 사람이다.

여름 타입의 사람들은 어떤 옷을 입으면 좋을까?

여름 쿨톤의 베이직 컬러

여름 쿨톤의 사람은 블랙이나 브라운보다 밝은 네이비, 옅은 핑크색의 베이지, 라이트그레이, 퓨어화이트가 잘 어울린다.

겨울에도 블랙패딩보다는 라이트그레이의 패딩이나 모직코트를 착용하는 것이 맑고 깨끗해 보인다.

여름 타입인 사람 중 맑은 색이 어울리는 여름 라이트, 페일톤의 사람들은 어울리는 천으로 드레이핑 했을 때 피부가 맑아지고 눈동자가 선명해지며 깨끗한 느낌이 든다. 하지만 맑은 색이 어울리는 여름 쿨톤의 사람들은 어울리지 않는 뮤트톤인 소프트나

그레이시톤을 드레이핑 했을 때는 피부가 푸석해지며 안색이 안 좋아지는 경향을 보이기도 한다. 같은 여름 쿨 타입이지만, 맑은 색이 어울리는 사람과 탁한 색이 어울리는 사람의 차이는 있다.

여름 쿨톤의 사람이 옐로 베이스의 컬러를 드레이핑 했을 때 촌스러워 보이거나 얼굴색이 어두워보이는 경향이 있다. 겨울 쿨톤의 진하고 강한 색을 드레이핑했을 때에는 매우 차가워 보인다.

■ 여름 쿨톤의 액세서리

여름 쿨톤 타입의 사람들은 실버제품의 액세서리가 대부분 어울린다. 맑은 색의 톤이 어울리는 사람들은 유광의 실버제품이, 탁한 색의 톤이 어울리는 사람들은 무광의 실버제품이 어울리기도 한다.

- COLOR - 핑크레드, 레몬옐로, 스카이블루, 라벤더, 라이트그레이, 민트, 스트로베리 핑크, 네이비, 퓨어화이트 등
- TONE - 라이트, 페일, 소프트, 라이트그레이시

(3) Autumn

출처 : 프리픽, 언스플래쉬

가을 타입의 색은 차분하고 분위기 있으며, 우아하고 세련된 느낌이 있다.

가을산의 단풍을 떠올려 보라. 레드는 무게감이 있어 클래식한 느낌의 단풍색 레드이며, 초록 역시 중후한 느낌의 초록색이다.

가을 타입의 팔레트는 모두 회색빛이 도는 컬러들로 구성되어 있다. 연하고 부드러운 느낌, 혹은 깊고 풍부한 느낌 두 가지의 느낌으로 톤 타입이 결정된다. 우아하고 세련된 느낌의 소프트톤과 그레이시톤이 있다면, 중후하고 묵직한 느낌의 딥톤과 덜톤이 있다.

■ 가을 팔레트

가을 딥 타입

가을 뮤트 타입

가을 타입의 사람은 혈색이 없는 노란빛이나 구릿빛의 피부톤을 가진 사람이 많으며, 신체 색에서 깊고 어두운 느낌이 많다.

가을 타입의 사람들은 어떤 옷을 입으면 좋을까?

가을 웜톤의 베이직 컬러

가을 타입의 베이직 컬러는 노란빛과 검정이 검정이 살짝 섞인 깊은 네이비 컬러이며, 밤색과 적색을 띤 진한 갈색이나 크림색의 베이지, 카키, 아이보리, 크리미화이트이다.

봄 타입의 맑은 색 브라운, 베이지와 구별된다. 가을 타입의 브라운, 베이지는 봄 타입의 브라운, 베이지에 회빛이 도는 탁한 색이다.

가을 타입인 사람은 맑거나 생기있는 컬러에 피부톤이 더 어둡게 반응하므로 봄 라이트, 브라이트, 비비드톤을 드레이핑 했을 때 더 어두워보이고 촌스럽게 보이기도 한

다. 간혹, 봄 페일톤이 함께 어울리는 가을 타입의 사람이 있기도 하다.

쿨톤의 컬러를 드레이핑 했을 때 입술이 퍼렇게 질려 보이는 현상이 있기도 하다.

가을 타입의 사람은 부드럽고 내추럴한 이미지에서 더욱 돋보이기도 하고 깊고 풍부한 색에서 고져스(gorgeous)한 스타일이 잘 어울리기도 한다.

■ 가을 웜톤의 액세서리

가을 타입의 사람은 노란빛의 골드 액세서리나 로즈골드 액세서리가 잘 어울린다. 고명도인 라이트그레이시톤의 진단이 나오는 사람 중에서 무광실버가 어울리는 사람도 간혹 있다.

- COLOR - 단풍색의 레드, 골드, 머스터드, 올리브, 카키, 브라운, 미디엄그레이, 아이보리, 크리미화이트 등
- TONE - 소프트, 덜, 딥, 라이트그레이시, 그레이시

(4) Winter

출처 : 프리픽, 언스플래쉬

겨울 타입의 팔레트는 선명하며, 짙고 강하다. 블루 베이스의 컬러 조합으로 이루어져있으며 시크하고 매니시한 느낌의 컬러다.

레드는 짙은 플럼처럼 진한 레드색이며, 레드와인처럼 푸른빛의 레드이다.

초록색은 겨울 산을 떠올렸을 때의 차갑고 앙상한 가지들의 색 조합처럼 깊은 청록색이다.

파란색은 검은색이 살짝 섞여 어둡고 매우 차가운 파랑이다.

■ 겨울 팔레트

겨울 클리어 타입

겨울 딥다크 타입

겨울 타입의 사람은 어떤 사람일까?

짙고 윤기가 있는 머리카락 색에 푸른빛이 살짝 감도는 흰 피부를 가진 사람이다.

노란기가 살짝 돌면서 밝은 피부톤을 가진 사람들도 간혹 있다. 피부가 노랗고 매우 어두운 사람도 겨울 베리페일톤으로 진단되는 경우도 있다.

겨울 타입의 사람들은 어떤 옷을 입으면 좋을까?

겨울 쿨톤의 베이직 컬러

겨울 타입의 베이직 컬러는 블랙이 대표적이다. 짙은 네이비도 포함된다. 여름 쿨톤의 네이비와 다른 점은 겨울 쿨톤의 네이비는 보랏빛이 도는 네이비라는 점이다.

레드브라운, 밝은 회색톤의 베이지, 미디엄그레이, 스노우 화이트가 겨울 쿨톤의 베이직 컬러이다. 여름 쿨톤과 같이 베이직 컬러를 쓸 수 있지만, 겨울 쿨톤 타입의 사람이 여름 쿨톤의 베이직 컬러를 드레이핑 했을 때 얼굴빛이 노랗게 보이는 현상이 있기도 하였기 때문에 조심스럽게 쓸 필요가 있다.

겨울 쿨톤 타입의 사람은 블랙 앤 화이트 정장에서 클리어한 이미지를 잘 낼 수 있다. 활동적이고 남성적인 매니시 스타일이 잘 어울리며 강렬한 배색이 잘 어울리기도 한다.

채도가 강한 색이 잘 어울리지만 옐로 베이스의 채도가 강한 색은 깔끔한 이미지를 연출하지 못하여 촌스럽게 느껴진다.

겨울 쿨톤의 액세서리

화이트골드나, 실버의 액세서리가 대체적으로 잘 어울린다.

- COLOR - 와인레드, 마젠타 핑크, 코발트블루, 아이스블루, 아이스핑크, 블랙, 스노우화이트, 라이트그레이 등
- TONE - 비비드, 브라이트, 딥, 다크, 다크그레이시, 페일, 베리페일

Profile

김지연

현) K위드컴퍼니 대표
대구과학대학교 뷰티디자인과 외래교수
대구교통연수원 교학과 전임강사
전) 대한민국 교육산업대상(이미지부문 대상)
미용경기대회 메이크업 심사위원
수성대학교 뷰티스타일리스트과 외래교수

박진주

현) 지식문화콘텐츠교육센터 아우르다 대표
(퍼스널컬러 진단 누적인원 7000명 이상)
대구경북디자인센터 외래강사
스카이아카데미 외래강사
전) 한국폴리텍대학 외래강사

최효정

현) 대구 KBS방송총국 메이크업
영남이공대학교 K뷰티학과 외래교수
대경대학교 메이크업학과 외래교수
국가기술자격검정 미용사(메이크업) 실기시험 감독위원
전) 수성대학교 뷰티스타일리스트과 외래교수
전국 기능경기대회 심사위원(국제 올림픽대회 한국위원회)

이미지브랜딩

2022년 1월 30일 초판 1쇄 발행
2022년 5월 15일 초판 2쇄 발행

지은이 김지연·박진주·최효정
펴낸이 진욱상
펴낸곳 (주)백산출판사
교　정 박시내
본문디자인 신화정
표지디자인 오정은

등　록 2017년 5월 29일 제406-2017-000058호
주　소 경기도 파주시 회동길 370(백산빌딩 3층)
전　화 02-914-1621(代)
팩　스 031-955-9911
이메일 edit@ibaeksan.kr
홈페이지 www.ibaeksan.kr

ISBN 979-11-6567-430-4　93320
값 20,000원